私がグループアイドルになった時

僕の取材ノート 2010—2020

大貫真之介

双葉社

Sawako Hata

秦佐和子

SKE48／2009～2013年在籍

私に限らず、やめていく人の輝きってありますから（笑）

Sawako Hata

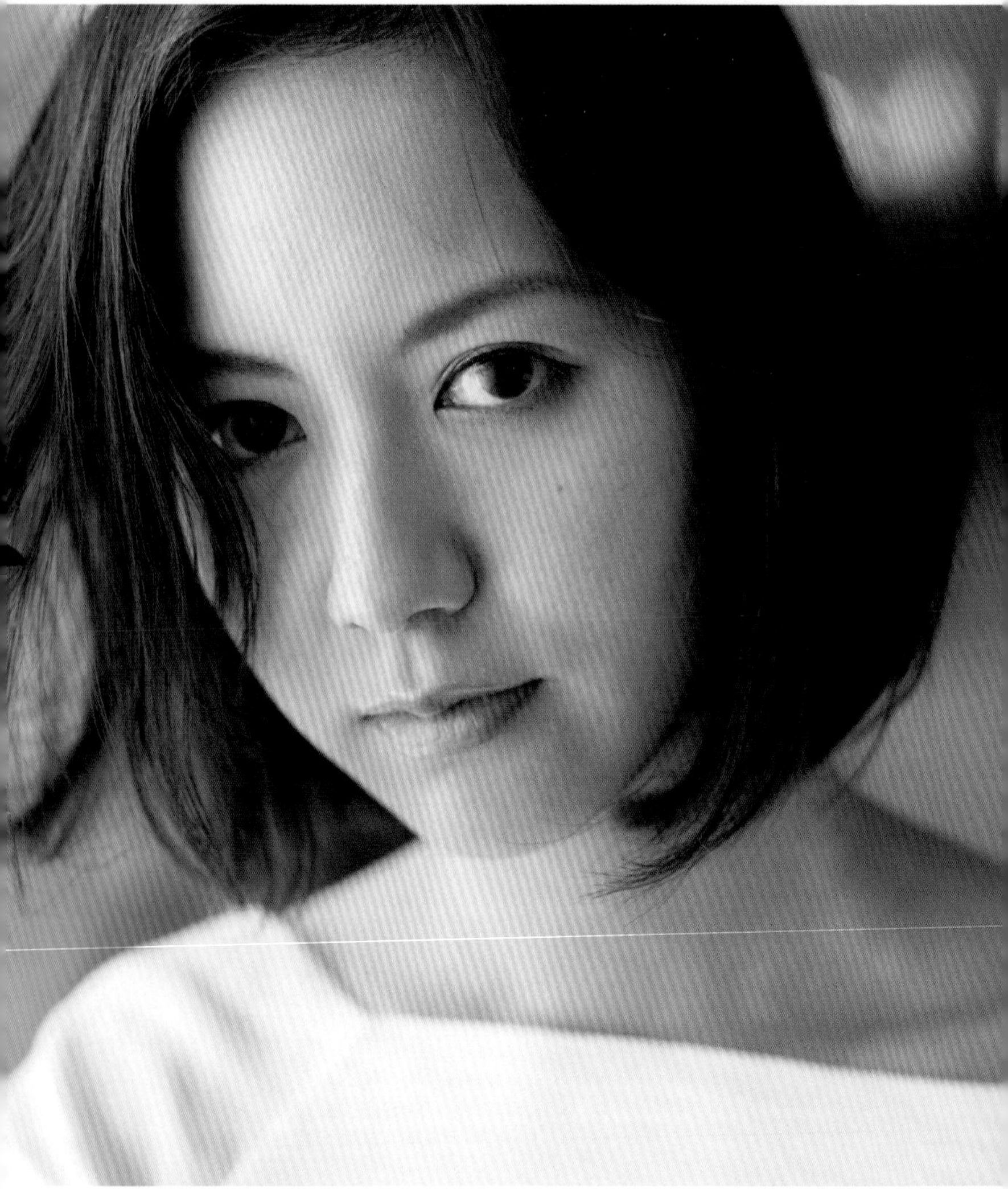

遠藤舞

アイドリング!!!／2006〜2014年在籍

Mai Endo

正直、未熟なモノを見せられて
お金を払うことに違和感があったんです

Sako Makita

槙田紗子

PASSPO☆／2009～2015年在籍

自分たちの力ではその未来は変えられそうにないし、
ずっとアイドルを続けられないこともわかっていた

Sako Makita

それがアルバムと合わせたとはいえ1万5000枚って
『解散しろ』と言われているようなものじゃないですか

レナ

バニラビーンズ／2007～2018年在籍

Rena

小池唯

Tomato n' Pine／2009～2012年在籍

いまの感情でトマパイをやっていたら、
もうちょっと違ったのかなと感じることもあります

Yui Koike

Mari Takahashi

高橋麻里

Dorothy Little Happy／2010～2018年在籍

いま思えばそんな決まりは気にせずに
話せばよかった、５人で話せばよかったんですよね

私がグループアイドルだった時

僕の取材ノート2010—2020

序章

２０２２年秋。

いつものようにアイドルの正面に向かって座り、ＩＣレコーダーの録音ボタンを押すと、彼女はグループの選抜メンバーに入れなかったことを話してくれた。

「数字」という目に見える結果を出したのに選ばれなかったことで、「これから何を頑張っていいのかわからない」と悲観する一方の彼女に、（このままでは原稿にならない）と前向きな言葉を引き出そうとしたが、「信頼しているから〝いいこと〟が言えない」と苦笑された。

帰宅して、原稿を書くために彼女の声を聴き直すと、その憂鬱な気持ちが伝染したように息が苦しくなっていく。同じような状況のアイドルに取材することは何度もあったが、ここまで胸がえぐられることはめったになかった。自分が年齢をとってしまったからだろうか。

この気持ちを誰かと共有したくても、４、５年前は地方のライブ会場まで一緒に足を運んでいたような編集者たちは、人事異動や雑誌の休刊によって違うジャンルの仕事をしていて、連絡することは躊躇われた。

アイドルがグループから卒業するように、仕事仲間たちもアイドルを卒業していたのだ。気づくと、アイドルが抱えていた憂鬱は、自分は雑誌業界で生きていくことができるのか、という恐れに変わっていた。

２０１０年あたりからグループアイドル業界が勃興すると、エンタテインメントを扱う総合誌に変化が訪れた。

水着グラビアと芸能ゴシップ記事を中心にしていた『ＥＸ大衆』（双葉社）や『月刊エンタメ』（徳間書店）、『BUBKA』（白夜書房）といった雑誌は、正面からアイドルを取り上げるようになり、誌面からは芸能ゴシップが消え、（物語性のある）着衣グラビアを掲載した。

ライブレポート中心の『Top Yell』（竹書房）、アイドル誌とファッション誌のいいとこ取りの『OVERTURE』（徳間書店）といったニッチな雑誌も創刊された。

僕はこれらの雑誌でアイドルのインタビューやライブレポートを執筆する機会が増えていく。最初こそ成り行きだったが、気づけば情熱を傾けるようになり、「デリケートな部分に触れる質問をするためには、取材対象に信用されなければ」と、出演メディアやＳＮＳをチェックし、ライブに足しげく通った。それだけの価値と可能性がある世界だと思ったからだ。

アイドル、特に乃木坂46の取材が増えたことで、『日経エンタテインメント!』(日経BP社)で連載を任せていただけるようになり、それまで、まったく縁がなかった『映画秘宝』(洋泉社)や『anan』(マガジンハウス)から仕事のオファーがあった。

何をやっても上手くいかず、気づいたら出版業界をなんとなく漂っていた自分が、アイドルによって居場所を見つけることができた。

しかし、グループアイドル業界がゆるやかに収斂していくと、雑誌もその流れに追随した。『TopYell』は18年2月に、『OVERTURE』は20年3月に休刊。『EX大衆』や『月刊エンタメ』、『BUBKA』では着衣グラビアから、従来と同じような水着グラビアへの揺り戻しが始まった。グラビアと並ぶコンテンツとして、アイドルのインタビュー記事を確立してきたつもりだったが、その足場は想像以上に脆く、いつ崩れるかわからないなかで生きている。

18年11月から文春オンラインで元グループアイドルの女性たちへの不定期連載を始めたのは、決して大きくない会場から活動を始めたアイドルが芸能界のど真ん中で活躍するかもしれない、という可能性に満ちていた10年間を形に残したかったからだ。この可能性は、この本にでてくる女性たちだけでなく、僕や、ファンも同じく信じていた。

インタビューを一冊にまとめるにあたって、編集者から「大貫さんの体験も書いてほしい」と言われたので、各インタビューの導入部に自分の体験を書かせてもらった。決してドラマチックではなかったが、出版業界の片隅で起きていた雑誌媒体の小さな変化と、アイドルの伝え方の変化を知ってもらえたら幸いだ。

「私に限らず、やめていく人の輝きってありますから（笑）」

秦佐和子（SKE48／2009～2013年在籍）

AKB48と違って取材が〝できた〟SKE48

09年7月に最初の選抜総選挙が行われると、ＡＫＢ48の名前が世間に届き始めた。総選挙の結果と水着グラビアをミックスさせた『ＡＫＢ48総選挙！ 水着サプライズ発表』（集英社）が発売され、1週間で10万部を突破。ＡＫＢ48のブームは出版業界にも好影響を与えた。出版業界の隅っこにいた僕は、熱狂から少し距離をおいたところでＡＫＢ48に関わるようになった。

2度の転職後、僕は03年からフリーライター（最初の1～2年は編集プロダクション社員）として『ＥＸ大衆』という雑誌で、80～90年代カルチャーの無署名記事をよく書いていた。『ＥＸ大衆』の柱は水着グラビアと芸能ゴシップだったが、キン消しやビックリマン、ファミコンの特集記事も読者アンケートの上位に入るからだ。80～90年代に活躍したアイドルのインタビューにも、いい反応があった。

現役のアイドルを取材することもあったが、磯山さやかさんや吉木りささんといったグラビアアイドルが中心だった。当時のＡＫＢ48は参入障壁が高く、ホリプロや太田プロなどの事務所に移籍したメンバーの「一部」のみ取材ができる状況だった。その「一部」である河西智美さんの連載を10年8月号から担当するようになるが、彼女の本職であるライブには興味を持てないでいた。

『ＥＸ大衆』以上に濃い芸能ゴシップが掲載されていた『BUBKA』（コアマガジン→白夜書房）もＡＫＢ48を取材できない媒体だったが、総選挙リポートや座談会で現場の熱を伝えていた。取材できないからこそ、自分たちの熱い思いを基盤に幻想を広げていく語り口に、僕もひとりの読者として魅了された。

『BUBKA』の熱量は、名古屋を拠点にしたＳＫＥ48でさらに高くなる。「腰を痛めた松井玲奈が倒れているのにレッスンを止めずに続けた」映像が象徴するように、自身の限界に挑むような体育会系グループだったことが、編集部の嗜好にハマったようだ。

ＡＫＢ48と事務所が違うこともあって、『ＥＸ大衆』ではＳＫＥ48を取材することができた。「東京で食べられる名古屋メシガイド」（10年10月号）というゆるい企画から始まり、メンバーにインタビューする機会が増えるなかで、僕の心に引っかかったのが3期生の秦佐和子さんだった。

「儚さ」を体現したようなルックスで、囁くような声でしゃべる秦さんは、一見「熱さ」からは遠いキャラクターに見える。しかし、宝塚やクラフトワークといった好きなジャンルになるとテンションが上がって熱く語り出す、という多面性の持ち主だ。

『週刊ＡＫＢ』（テレビ東京系）の「抜き打ちテスト」で、正解を連発しながらも恥ずかしそうに俯いて「カットしてください」とつぶやくと、秦さんはＳＫＥ48ファン以外にも「見つかった」。ＡＫＢ48シングル選抜総選挙では、11年に33位、12年に25位にランクインする。

僕は12年2月号から『ＥＸ大衆』で秦さんの連載『しゃわこの学習帳』をスタートさせた。声優からＪＡＸＡの職員まで多様なジャンルの人と対談を行なったが、秦さんの頭の回転の速さとワードセンスのおかげで、いつも面白い記事になった。

連載開始から1年が経過した頃、秦さんはグループからの卒業を発表した。正式な発表の数時間前に運営から電話があり、卒業することを教えていただいた。数時間前とはいえ、事前に卒業を知らされたことは初めてで、その後も1回しかない。秦さんの卒業を聞いて、後頭部に鈍い痛みを感じた。

その理由は、単純に連載が終わってしまう悲しさに加え、秦さんには芸能界で才覚を発揮してほしかったからだ。一方で、こちら側のエゴでアイドルをアイドルの世界に縛ることなく、秦さんがこれまでと違う夢を追いかけることを祝福すべきではないか、と相反する想いが入り混じった。

13年3月29日、僕は名古屋市栄にあるＳＫＥ48劇場で行なわれた秦さんの卒業公演を観に行った。メンバーから贈られた胡蝶蘭の花束。そこからヒラヒラと落ちた花びらを几帳面に拾ってからステージを去る姿に秦さんに「らしさ」を感じた。

――秦さんは、小学生の時に「お芝居をやりたい」と思ったそうですが。

いま思えば、自分に自信がなかったから特別な何かになりたかったんでしょうね。小学生だった私の狭い世界では、女優さんが特別な存在に見えたんです。それでオーディションを受けるようになって。長澤まさみさんが合格された東宝シンデレラにも応募しました（笑）。そのうち、アニメが好きだったことから「声優もお芝居のひとつなんだ」と気がついて、声優を目指すようになるんです。

――小学生の時に演劇部を作ったとか。

はい（笑）。いまもそうなんですけど、自分がやりたいと思ったことを実現したい気持ちが強いんです。

――ただ、自分で作ったのに主役になれなくて。

主役をやりたかったんですけど、それこそ部内でオーディションがあって。

――自分でオーディションをやると言って？

いやいや（笑）。文化祭でお芝居を披露することになって、先生が「オーディションで決めよう」と。私は主役のアリスをやりたかったんですけど、「トランプの5」になりました（笑）。

――そんなに部員が多かったんですか？

小学6年生の時に友達数人と作ったんですけど、後輩も入って20人以上になったと思います。でも、私たちが卒業したら潰れたらしいです（笑）。

――（笑）。「トランプの5」になって悔しかったですか？

残念だとは思いましたけど、「トランプの5」も楽しかったんです。いまでもセリフを覚えてます。「女王さまも困ったものだ」のひと言しかないから。それに、主役をやったこともあるんです。

――そうでしたか。

宇宙人役で「ピポパポ」しか言わなかったので、主役と言っていいのか怪しいところなんですけど。

――（笑）。中学生になって演劇は続けなかったんですか？

中学校に演劇部がなかったのと、音楽が好きだったので、自然な流れで吹奏楽部に入りました。

――高校も吹奏楽部でしたっけ？

そうです。名前はオーケストラ部に変わるんですけど。

――中学、高校時代、クラスの中でどんな存在でしたか？

なんでもない人間だったと思います（笑）。クラスを引っ張るわけでもなく、問題を起こすでもなく。特に中学のクラスにはアニメが好きな子が多くて、交換絵日記をしたことを覚えてます。

――秦さん、絵が上手いんですか？

当時は上手かったと思います（笑）。

――衰えましたか。

あの時ほどは描けないですね。小学生の頃から、家に帰るとパソコンでずっと絵を描いてました。

――そんな時からパソコンに触っていたんですか。

兄の影響なんです。昔から知らないことを知ることが好きだったので、「面白そうだな」と思ったらチャレンジしたくなるので。自分のイラストを掲載するホームページも作って、そこで友人もできました。

――同じようにイラストを描いてる人から連絡がきて。

そうです。「相互リンク」をして（笑）。

――久しぶりに聞きました。

バナーをおいて、「直リン禁止」と書いて（笑）。

――懐かしい（笑）。

イラスト仲間のチャットルームに入り浸って会話することもありました。小学生の私が入ってきても温かく受け入れてくれる人ばかりでいいところだなと思いました。

――いまよりものどかな時代だったのでしょうか。

いや、当時から変な人もいましたよ。「ちょっとお姉さんなのかな」と思っていた方とよくよく会話したらおじさんだったんです（笑）。インターネットがいまほどオープンな世界じゃなかったので、「気を付けなきゃいけないな」とは思ってました。

――高校を卒業して、大学に進むわけですが、声優の専門学校に入ろうとは思わなかったんですか？

「大学に進むことが当たり前」という環境にいたので、「専門学校に行こう」とは思わなくて。諦められない夢ではあったんですけど、現実的な夢ではなかったというか。「このまま大学を卒業して就職するんだろうな」と「声優をやりたい」、この両方の気持ちがあったので、週1回、日ナレ（日本ナレーション演技研究所）に通うようになったんです。

――養成所で1年やって、事務所に入るためのオーディションを受けるわけですよね。

クラスの中で2人が推薦を受けて審査に進んで、会ったこともない人たちの前でお芝居して（笑）。その次に進むと、4つくらいある日ナレさんの系列事務所に声を掛けてもらえるので、ボイスサンプルを送って最終審査という。私はボイスサンプルを送るところまではいけたんですけど、その先がダメでした。2年目も通ったんですけど、挫折感というか、1年やってダメだったことのショックがすごく大きくて。日ナレに通うだけでなく、いろんなチャンスの機会を探そうと思ったんです。それで、いろんな雑誌を読んでいたなかで、たまたまＳＫＥ48の3期生オーディションに出会ったんです。

――それまでアイドルを見ることはありましたか？

ハロプロさん、特にBerryz工房さんが好きだったんです。ライブに行くことはなかったんですけど、映像をよく観てました。楽曲も好きだったんですけど、菅谷梨沙子さんの声が私に響いたんです。いまでもアイドルさんは声で好きになることが多いですね。

――大学在学中の21歳でＳＫＥ48を受けたわけですが、年齢は気になりましたか？

「20歳まで」というグループが多いなか、ＳＫＥ48は年齢制限がゆるかったような記憶があります。当時の私は、アイドルグループには若い子がたくさんいる、という感覚がなかったんです。10歳前後でデビューしたBerryz工房さんを見ていたのに（笑）。声優のオーディションを受けるのと同じ感覚だったと思います。年齢を意識したのはグループに入ってからでした。

――歌って踊ることが自分にできるのか、とは考えましたか？

それも考えていなかったんですよね。歌うことは好きでしたけど、養成所のみんなとカラオケに行く程度でした。ダンスはバレエをやっていたものの、最終審査でアイドルのダンスを踊って「難しい！」と思いましたね。

――ダンス審査って、課題があって練習してから臨むものじゃないんですか？

あの時はオーディション会場で1時間くらい教えてもらって、4人1組で「はい、踊ってください」と言われたんです。覚えられないし、踊れないし、歌唱審査で上手く歌うこともできなかったので、受かった時は「どうしよう！　受かってしまった！」と思いました。何も考えてなかったんです。

――同期にはめちゃくちゃ年下の子もいましたよね。

10歳下の子がいましたね。それで、「お姉さん」として選ばれたんだなと思ったんです。私が引っ張っていくんだなって。

――実際、引っ張っていたんですか？

引っ張らなかったです（笑）。先輩が引っ張ってくれたのと、みんなしっかりしてましたから。

――集団生活は得意なほうでしたか？

私は女子高にいたので、学校みたいだなと思いました。みんながなんとなく仲が良くて、そのなかでも特に仲がいい子がいて、という感じでした。

――秦さんは大阪の実家から名古屋まで通いで活動していたんですよね。

大学に在籍していたのと、できれば親元を離れたくなかったんです。受かって最初に心配したのが、「実家から通えるか」でした。スタッフの方と相談して、「無理です」と言われたら辞退していたかもしれません。

——それだけ実家を大切にしていた。

そうですねぇ。最初はアイドルに対してそこまで強い気持ちがなくて、あくまで「声優になるための手段」と考えていた、というのもあったと思います。

——ただ、いまでこそアイドルグループを卒業して声優になるケースも増えていますが、当時は稀だったと思います。

当時、ゲームの声優オーディションがちょこちょこあって。（1期生の）松下唯さんが選ばれていたので、チャンスがある場所だと思ってました。ステップアップして何かになりたい、というより、ＳＫＥ48で声優の仕事をしたかったんです。

——まわりはアイドルとしてステップアップしたい子が多かったんですか？

そうだと思うんですけど、じゃあ、みんなが何をやりたくてＳＫＥ48にいるのか、私はあまり知らなくて。いま目の前にある仕事をみんなで一生懸命やろうね、というのが共通の認識だったんです。同期ではあかりん（須田亜香里）と仲が良くて、長い時間一緒にいたけど、あかりんが自分自身と戦うタイプの人間だったこともあって、将来何をやりたいのか知りませんでした。

——現在、須田さんはタレントとして活躍してますよね。

あかりんは3期のエースで、私は順当に進んでいるなと思ってます。本人はいろんなことを乗り越えてきたんだろうけど、努力できるポテンシャルが高いんです。「スピーチが苦手」という話を聞いていたんですけど、卒業後、私のラジオ（ラジオ関西『小野坂・秦の8年つづくラジオ』）にきてもらった時、すごいおしゃべりが上手になってて！　ものすごく努力したんだなと思いました。

――当時のSKE48は体育会系の集団というイメージがありました。

ダンスにすごく重きをおいている風潮はあったと思います。SKE48が、もともとそういったコンセプトで結成されていたのかはわかりませんが、1期生の中でグループを引っ張る方の意志が強く反映されていたように思います。

――「体育会系」の環境には対応できましたか？

足を引っ張っていたなと思います（笑）。一生懸命やってはいたんですけど、やっぱり……上手くできない自覚はあったので、申し訳ない気持ちがありました。「抵抗がある」というより、「できてない」という意識ですね。ただ、私自身が「体育会系」を強く感じたのは研究生の時で、チームKⅡに入ってからは別の雰囲気を感じるようになりました。ダンスだけに特化しないというか。

――劇場公演という作品を表現することを考えていたのでしょうか。

そうですね。

——グループと合わないと思ったことはありますか？

入って半年くらい経った時に、「声優という目標とのズレがあるな」「このままでいいのかな」と感じるようになりました。それで、スタッフの方に相談したところ「ここにいてもチャンスが回ってくることはあるから、もうちょっと頑張ってみたら？」と言われて、続けてみようかなって。その後、二次元同好会として神田朱未さんのラジオ番組（エフエム愛知『神田朱未のわたしのすきなこと。』）に呼んでいただいたり、イベントに出演させていただいたり、そういう機会が増えたんです。

それに、ＳＫＥ48にいることが楽しかったんです。この取材を受けるにあたって「なんで私はアイドルをやっていたんだろう」と考えたら、応援してくれる人がいて、その声に応えることが楽しかった。半年もやってるとファンの方が増えて、お手紙をもらえるようになって、私に何か仕事が決まると喜んでくださるんです。それが活動する糧になっていたというか、むしろ目標になっていたと思います。「この仕事が決まってうれしい」より、「この仕事をしたことでファンの方が喜んでくれる」ことが大きかったんです。ファンの方がいなかったらグループを辞めていたと思います。

——一方で、「女性」として見られることに抵抗を感じることもあったとか。

女子校にいたからなのかもしれないけど、異性から視線を向けられる経験が少なくて。どうしていいのかわからなかったんです。自分がそういうつもりがないところで、そう受け取られることに抵抗がありました。まだ若かったので。

——その意識は変わっていきましたか？

うーん。正直、グラビアを撮影している時間は、プロの方たちに囲まれて「仕事」としてやっているので、「よりよい写真を撮ってもらいたい」「目の前の方たちの期待に応えたい」という気持ちでいたんです。それに対して何か言われることって、後から起こるので、その時に「あぁ……」となって。そして、次にグラビアの撮影がある時は前に何か言われたことを忘れているという（笑）。

——その繰り返しだったんですね。

視野が狭かったんだと思います。

——ＳＫＥ48の劇場公演というシステムはどうでした？　秦さんが好きな宝塚に近いものがあるのかなと思います。

劇場、好きでしたねぇ。ＳＫＥ48がどんどん大きくなって、握手会があるにせよ、お客さんの反応をつぶさに見ることができる場が少なくなっていたんです。大きい会場だと、私の視力が悪いこともあってみなさんがどういう表情をしているのかわからないことが増えて。でも、劇場だとお客さんの目線や息遣いまでわかるんです。すごく忙しくて「私、何をしているんだろう」となった時も、劇場に戻ると「私はＳＫＥ

48の一員として仕事をしているんだ」という意識が戻ってくる大切な場所でした。

――最初は劇場に怖さもありましたか？

はい。ダンスが苦手だったので（笑）、「上手くできないんじゃないか」という不安はありました。でも、昇格後は「楽しい」が「怖い」に勝って、どの仕事にも替えられない特別な時間になりました。劇場という制度はすごくよかったと思います。

――いまのＳＫＥ48は安定している状態だと思いますが、秦さんがいた時期のグループは上昇気流に乗っていたと思います。実際、「勢いがあるな」と感じていましたか？

うーん。難しいですね。私が研究生から昇格して選抜に入った流れとＳＫＥ48が大きくなっていく時期が同じで、自分がアイドルとしていろいろできるようになっていくタイミングと被っていたから、あまりわかりませんでした。グループにとって初めて経験することが自分にとっても初めての経験だったんです。1期生の方たちは実感があったんじゃないかなと思います。

――秦さんは独特なキャラクターで注目されるようになりますが、「異質」であることが「個性」になってファンの方が増えるという流れを、ご自身はどう捉えてましたか？

あの頃、自分が異質だという自覚はなくて。みなさんが特別で、私は普通のことをしているだけ、という感覚でした。特にＡＫＢ48の方たちと共演させてもらうと、みなさんリアクションや発言にキレ味があるんですよ。そんな方たちが集まった結果、

「特別」が「普通」になって、私の「普通」が「特別」になったと思ってます。

——なるほど。

それで走り出したら、まわりの方たちが演出や編集で私のキャラクターを作ってくださるようになって。私も「これが求められているのかな」と応えるようになったんです。外のメディアでは求められているイメージに応えていたけど、劇場ではナチュラルでいることができたので、バランスを保ち続けることができました。

——求められているイメージに応えているだけだと苦しくなっていた。

そう思います。卒業してからのほうが、メディアのイメージで見られることが増えたんです。声優の養成所でも、最初は「おとなしい」「しゃべらない」というイメージで見られていましたから。でも、劇場の私を知ってくださる人は「秦さんってこんなところもあるけど、こういうところもあるよね」と思ってくれる。メディアはキャラクターを求めているけど、ファンの方は人間を求めていたんです。だから、ファンの方の前でメディアのような自分でいようとは思わなかったです。外向けのイメージだけだったら、自分を見失っていたかもしれません。

——ひとつのイメージに見られることが嫌だった。

そうなんだと思います。たくさんあるうちのひとつだけで決めつけられてしまうと、自分がそれだけの人間になった気がして。「もっとこういうところもあるのに」と思ってしまうんです。普段の生活で「あなたってこういう性格だよね？」と言われることってあまりないと思うんですけど、そう言われるのが表に出る仕事なので。うーん。笑って流すことができればよかったんですけど、どうしても気にしてしまうというか。

――「あなたってこういう性格だよね？」が2、３人ならいいけど、握手会だと１００人単位でそう言われてしまう。普通の人には想像できないような大変さだと思います。

「死ぬばいい！」（宝塚『エリザベート』セリフ）を散々言った日もありました（笑）。ただ、握手会は自分に好意を持ってくれている方だけが来てくれる場所で、自分に対してポジティブな気持ちを向け続けられるんです。私のことを見ていなきゃできない話ばかりなので、うれしい気持ちのほうが大きかったですね。いわゆる常連さんと言われるような方がいるとホッとしました。

――ＡＫＢ48選抜総選挙では、11年に33位、12年に25位という高い順位でした。まわりからの期待は感じましたか？

ファンの方が「応援するよ」と言ってくださっていたんですけど、正直、同期の中でも落ちこぼれで、昇格も遅かったので、ＳＫＥ48の中で評価されていると思えなかったんです。握手会も売り切れてはいるけど、他の子はいろんな方が万遍なく来ていて、私は少ない方が頑張ってくれているイメージでした。だから、私が総選挙で結果が出るということは、応援してくださる少ない方々の負担が大きくなることだと考えていたんです。握手会でひとり１００枚くらい買ってくださる方がいて「売り切れさせるために買ったよ」と言ってくれたこともありました。ただ、言われなくてもわかるんですよ。一番売れ残るであろう６部にひとりがたくさんきてくださると。大人だったこともあって、お金が動いているという自覚はありましたね。

――他のメンバーより大人だからこそ。

そうなんです。母数が少ないので総選挙で結果が出ると思っていなかったし、出そうとすることがファンの方たちの負担になると思っていたので、なんとも言えない気持ちでした。

――卒業した後の13年から総選挙は立候補制になりますが、秦さんだったらどうしていたと思いますか？

（熟考して）総選挙で高い順位をいただいたからこそ、いま声優の仕事ができていると思うんです。ただ、総選挙って自分の頑張りのように見えますが、そうじゃなくて。劇場でどんなに頑張ったところで票が増えるかといったらそうじゃなかった。うーん……立候補制なら参加しなかったと思います。

――グループ内の人気に対して敏感になる時期はありましたか？

ありました。それまでは何も考えず、人気のない人間だと思っていたけど、総選挙の結果が出た頃から仕事がしんどくなりはじめて。うーん。それまでは「年齢が上だから」「ダンスが下手だから」といった、自分に言い訳する場所があったんです。でも、結果が出たことで言い訳できなくなって。だからといって、その順位に応じた仕事をしているわけでもなかったことで、しんどいと思い始めたんです。それまでは、他のメンバーが参加している現場に呼ばれなくても「まぁ、そんなもんでしょ」と当たり前に感じていたけど、「なんで呼ばれないんだろう」と思うようになってしまい、みなさんの応援と自分の実力の乖離が目に見えてしまったんです。申し訳なさと「なんで？」という気持ちでいっぱいになって。それが「なんのためにここにいるんだろう」という疑問につながっていったんです。自分の努力不足もあれば、運営としては若い子を押してきたいという意向もあったと思うので、「若い子が前に出るタイミングなのかな」と感じ始めて、じゃあ、私も次に進もうと卒業を考え始めました。

――アニメ『AKB0048』の主題歌を担当するために48メンバーから声優選抜として結成されたNO NAMEの活動は楽しかったと思います。

はい。それも声優の仕事を選んだ理由のひとつでした。養成所に通っていた自負があったんですけど、マイクの前に立ってみると何もできない、何もわからない自分がいて。NO NAMEのみなさんはすごく上手で才能を感じてしまったんです。自分には才能がない分、努力で埋めなきゃいけないと思って、イチから勉強したくなったんです。

――卒業は運営側にすんなり受け入れられたんですか？

私の意志が強いと感じたのか、そこまで引き留められた記憶はなくて。2月に「卒業したいです」と申し出て、3月7日には発表してました。

――大きい会場での公演を行なわず、劇場公演のみで卒業しました。同時期に卒業するメンバーと一緒に日本ガイシホールで卒業コンサートをやりたいと思わなかったんですか？

「ガイシホールの卒業コンサートに出ない？」と言われたんですけど、その子たちの後に卒業を発表して、コンサートに参加することはさすがにできないと、お断りしました。

――卒業公演を観覧させていただいたんですけど、漫画みたいな出来事があって。帰りに前を歩いている親子がいて、その娘さんがお母さんに「私もお姉さんみたいなアイドルになりたい」と話していたんです。

えぇぇ！　そんなことあるんですね。まぁ、私に限らず、やめていく人の輝きってありますから（笑）。

――（笑）。なんで輝くんでしょうね。

当たり前だった1日1日が、どの瞬間も「これで最後」と意識するから、なんですかね。私でいえば、「目の前にいるファンの方たちのことが愛おしい」という気持ちで溢れたので、よく見えた人もいたのかなと思います。

――僕が担当させていただいた秦さんの連載も最終回になって。最後だから「アイドルって何でした？」と聞いたところ、秦さんは「下駄」と答えたんです。「下駄を履かせる」の「下駄」で、いい答えだなと思いました。

そんなこと言ってました（笑）？　でも、実際に「下駄」だと思います。「ＳＫＥ48の」秦佐和子じゃないとできない仕事がばかりで、普通じゃできないこともたくさん体験させてもらいましたし、たくさんの方と出会いました。いまも「元ＳＫＥ48」という名刺を持たせてもらっているんです。

――声優の事務所に伝手があったわけじゃないんですよね。

卒業を決めた時は「養成所をいくつか受けてみよう」と思ったくらいでした。卒業を発表した時期に受けた養成所の感触が良かったので、「ここに入れたらいいなぁ、でも、ダメなら日ナレに入り直そう」と考えていたんです。

――その養成所に入ることになりますが、またイチから始めることに抵抗はなかったですか？

何もなかったです。仲間に恵まれたことがよかったと思います。周りが気を遣ってくれて、いい距離感を保ってくれたというか。私は女の子としか連絡先の交換をしなかったので、男の子から何かあれば女の子を経由して連絡がありました。正式に事務所に所属できた時、男の子から「これで初めて秦さんの連絡先を聞けるね」と言われたんです。

――事務所に入っても、アイドルのように与えられる仕事は少なくて、基本的にオーディションで受からないと役をもらえないんですよね。

ゲームアプリの仕事が割り振られることもあるんですけど、アニメは基本的にそうですね。

――秦さんに限らない話だと思いますが、そのオーディションも落ちることが当たり前で。

選ばれる人はひと握りなんです。

――受からないたびに落ち込むものですか？

オーディションを受けるにあたってそのキャラを理解しようと努力するので、思い入れが出てくるんです。オーディションでは感情の起伏があるシーンを演じることが多くて、なおさら。それで落ちてしまうと「この子を演じられなくて残念だな」となるんです。その分、受かった時は「この子の人生の一部になれるんだ！」という喜びに溢れます。

――そのなかでも『バンドリ！』の若宮イヴは、ユニット（Pastel＊Palettes）としての活動もあって、思い入れがあるキャラクターなのかなと。

長い期間携わっているコンテンツなので、その子に対する理解が深まったと思います。台本が第一ではあるんですけど、「この子はこういうことを言わないんじゃないですか？」と自信を持って言えるようになるくらい理解できました。頻繁に会っている分、キャストの方たちと仲良くなることができたんです。その経験は大きかったなと思います。

――声優のほうが個人主義と感じることが多いそうですが。

事務所によると思いますけど、時間を管理して、スタジオの住所を調べて、自分で何でもやらなきゃいけないんです。私のいまの事務所はアットホームなので「拠り所」としての役割が大きいのかなと思います。個人主義というより、自由だなと感じることのほうが多いのかもしれません。

――アイドルよりも声優としてのキャリアが長くなりました。

いまでも「上手くないな」と思うことばかりです。だけど、過去の音声を聴くと「意外と上手くなっているな」と思うこともあって（笑）。「向いている」「向いていない」は別として、声の仕事が好きだなと思いますし、同時に難しさも感じます。ただ、もともと自分がやりたかったことなので、上手くいかなくてもネガティブな気持ちにならないというか。それもひっくるめて声優という職業を愛することができている気がします。

秦佐和子――取材日／2022年7月21日

――声優は何歳になっても続けることができる仕事だと思いますか？

うーん。何をもって「続けられている」なのか、にもよると思うんですよね。年に1回の仕事でも「続けている」といえばそうじゃないですか。「憧れ」として声優を見ていた時にわかりやすく活躍されていた方が、いまはキャラクターではなくナレーションの仕事が中心であったり、私自身、引退された方の声を引き継ぐこともあったり、難しい世界だと思います。「『細く』でいいから続けることができたらいい」と思っていましたが、それがいかに難しいことか……。「選ばれた人たちしか続けられる職業じゃないんだ」と覚悟しながら1日1日仕事しなきゃいけないなと思ってます。

私、声優はそんなに向いてないと思うんです。逆に、アイドルというお仕事には向いていた自覚があります。「何を求められているのか」がわかっていたから。ただ、私が求められていたのは飛び道具的な存在でした。にっこり笑ってかわいいアイドルをうらやましく感じたこともあるけど、そうなれるのは本当にひと握り、いや、握ることもできないくらいだと思います。

――将来の理想像ってありますか？

現在のようにいろんなキャラクターを演じさせていただけたら……と思うんですけど、現実的なことを考えると、どんな形であれこの仕事で食べていくことができたらいいなと思います。趣味ではなく職業なので。贅沢しないまでも普通の社会人として生活していけることが理想です。

秦佐和子――取材日／2022年7月21日

「正直、未熟なモノを見せられてお金を払うことに違和感があったんです」

遠藤舞（アイドリング!!!／2006〜2014年在籍）

アイドル取材のキモを学んだグループ

00年代後半から10年代前半にかけて、僕は『ＥＸ大衆』の特集企画で、８人前後のアイドルに取材して各５００文字程度の短いインタビュー記事を書くことが多かった。企画のメインは、こちらで用意した年賀状やマフラー、Ｔシャツなどにサインを入れてもらい、読者にプレゼントすることだ。

当初、その企画はグラビアアイドルが中心だったが、この媒体で取材ができる事務所に所属しているＡＫＢ48メンバーに加えて、アイドリング!!!のメンバーの登場回数が増えていった。「推し」文化があるグループアイドルのほうがプレゼントの応募が多いからだ。

アイドリング!!!の主戦場はフジテレビ（地上波とＣＳ）で放送されていた『アイドリング!!!』だ。どんな企画も「かわいさ」に帰結する従来のアイドル番組と異なり、メンバーが送風機を受けて顔を歪ませ、本気で相撲を取っていた『アイドリング!!!』はバラエティ番組として面白かった。司会のバカリズムが基本的にメンバーを「○○さん」と呼び、アイドル扱いしなかったことがフラットな笑いにつながっていたように思う。

アイドリング!!!は10年8月にスタートしたアイドルフェス「TOKYO IDOL FESTIVAL（ＴＩＦ）」でホスト役を務めたことで、アイドル戦国時代のキーパーソンになった。当時のアイドリング!!!プロデューサーでＴＩＦ総合プロデューサーだった門澤清太さんに取材した際（『Top Yell』12年8月号）に聞いた、「48グループ以外のアイドルでも業界を盛り上げることはできる」という気概に、僕は乗った。

僕はアイドリング!!!のメンバーで『侍戦隊シンケンジャー』（テレビ朝日系）に出演していた森田涼花さんの連載を『ＥＸ大衆』でスタートさせた（09年8月号～）。その後、アイドリング!!!全員の連載を始める（11年2月号～）。

アイドリング!!!はブレイクに至らないことを自虐ネタに変える強さを持っていたが、グループ内での人気順に対する悩みを抱えるメンバーもいた。一人ひとりのメンバーに複数回取材していくうちに、グループアイドル取材のキモがわかってきた。

そのひとつは、本来の自分とパブリックイメージに齟齬を感じていることが多いので、そのもどかしさを話してもらうことだ。僕は「アイドル」ではなく、「人間」として向かい合うことを心がけた。

アイドリング!!!の中でも、リーダーの遠藤舞さんは不思議な存在だった。グループでもっとも高い歌唱力を持ちながら、インタビューで「アイドルはスキマ産業」と語ったように自身がおかれている環境を常に俯瞰していた。

アイドル取材のキモを学んだグループ

遠藤さんは14年2月にアイドリング!!!を卒業してソロ活動を始めたが、17年末に歌手活動を引退。その際、ブログに書かれた「私は未だに元アイドルの肩書きなしにはメディアに出られず、アイドル的な売り方をしなければＣＤも売れない」「その原因は、私の〝芸〟の才能が、アイドルの域を所詮超えられなかったからなんだと思う」という文章の生々しさに、文春オンラインでの連載1回目は、遠藤さんに話を聞くしかないと感じた。

――アイドリング!!!在籍中に何度も取材させてもらいましたが、遠藤さんには「アイドルはスキマ産業」とか見出しになることを話してくれる印象があって。

自分で話していて、「これは見出しになるかな」とは思ってました（笑）。

――そうでしたか（笑）。アイドリング!!!以前の話からお聞きしたいんですが。

遡りますねぇ（笑）。

――はい（笑）。もともと美容系の専門学校を目指していたところをスカウトされて事務所に入ったということですが、芸能界に踏み出すことに躊躇はなかったですか？

ありましたね。専門学校が決まっていたし、そもそも芸能人にまったく興味がなかったので。それでも入ったのはノリというか、若かったんだと思います。10代の判断力なんて子供ですから。祖母に「専門学校にはいつでも行けるけど、今回みたいな縁のある話はここで逃したらもうないかもしれない。いましかできないことならやってみたら？」と言われたことも大きかったです。

――自分がアイドルになりたいとは。

まったく思ってなかったですね。小さい頃から「かわいい、かわいい」とチヤホヤされて、「人前に立つことが好きなのかもしれない」と薄々気づいた結果、芸能の世界に入るという子が多いと思うんです。だけど、私は真逆でしたね。

――アイドルにあるような自己顕示欲は？

ほぼゼロですね。いまって事務所に入らなくてもYouTubeなりインスタなりでいくらでも自己表現ができるじゃないですか。時代はだいぶ変わりましたよねぇ。ただ、私が10年遅く生まれていても自分からTikTokをやるような子じゃなかったと思うなぁ。

――とはいえ自分のことが嫌い、ということはなく。

そんなネガティブなわけじゃなくて。自分で好きなことをやっている時は楽しいんですけど、人に見せたり共有することに価値を感じないんですよ。たとえばピアノを弾くことが好きだったら自分で弾くことが楽しいだけで、その動画を撮ってＳＮＳにアップしようという価値観がなくて。

――事務所に入ってすぐアイドリング!!!のオーディションに受かったことで「やめられなくなったな」と思いました？

思いました、思いました。当時のマネージャーさんから電話があって「受かったよ」と聞いた時にもう後に引けないんだって。ただ、話のネタになることを探すのは好きだったので、いい人生経験になるかなとは思いました。

――芸能界での経験もあるメンバーもいるなかで、自分のキャラは薄いと思うことはありましたか？

そうですね。番組開始当初のディレクターだった塩谷さんから「なんで受かったと思う？」と聞かれたことがあって。私は答えられなかったんですけど、正解は「素人すぎるから」だったんです。オーディションの時に「なんでここにいるのか分からないです」と言ったんですけど、そんな人いないじゃないですか。塩谷さんも変わっている方なので、「なんでここにいるのか分からないヤツがアイドルに混じっているポジションが面白い」と映ったらしいんです。ただ、そう言われた時に「このままじゃいられない」と悟って。「素人」だけが持ち味と言われても、それは擦れていくものじゃないですか。番組の10回目くらいでなくなっているかもしれない。早い段階で「素人」に替わるアイデンティティを見つけなきゃいけないという不安感はありました。

――アイドリング!!!自体が王道のアイドルグループではなかったですよね。バラエティ番組中心のアイドルでした。

番組を作っている方がどうやら「面白」主体で物事を考えているなと気がついたんです。面白いことを言って笑いが取れた時が一番褒められるから、みんなの中で「面白いことをすればいいんだ」と刷り込まれていくんですよね。とくに初期のライブや握手会がなかった時期は、収録現場にいる人たちに認めてもらおうとするわけで。アイドルになるために頑張るんじゃなくて、面白いことを言うために頑張るという、肩書きはアイドルだけど、独自の路線を走っていたのかもしれません。

――バカリズム升野さんは、アイドリング!!!をアイドル扱いをしない司会ぶりでしたよね。

アイドルになれない自分にとって、アイドル扱いしないMCがいることですごく助かりました。自分の居場所があるような感じがしたんです。アイドルっぽいことをさせられていたらすぐにやめていたと思います。

――長く続いた番組なので、演出家やプロデューサーが変わっていきましたが、そこには対応できましたか?

演出の方が違うとこんなに変わるんだ、というのはひとつの学びでした。プレイヤーとの相性もあるし、人間だから好き嫌いもあるでしょうけど、仕事なので関係なくやっていかなきゃいけないのがプロなんだって。升野さんを見て、そう感じました。ひとつ思ったのは、企画の意図がわかりやすいとプレイヤーとしてはやりやすいということ。意図された「面白」までの道筋が理解できるといいんですけど、そうじゃない時は苦戦しました。ただ、感心するくらい多くの企画があったので、その中に迷走気味の企画があったとしてもしょうがないことだと思います。

――アイドリング!!!は段々とライブが増えていって。遠藤さんの歌唱力が発揮されていくわけですよね。

いや、そんなことはなくて。早い段階から自分の歌がアイドル楽曲に向いてないなとは思っていたんです。上手い下手じゃなく、自分が歌うと浮いてしまう。だから、あえて平坦に歌ったり、レコーディングではすごく気を遣ってました。

――でも、Dメロは必ずといっていいほど遠藤さんが歌うなど、自分の声がアイドリング!!!の曲に欠かせないものになっていくわけじゃないですか。

私は自己評価が高くないので、「この曲に私の声は合わないんじゃないか」と思うこともあったし、ディレクターさんに電話して「バランスが悪いので、私のパートを減らしてもらえませんか」とお願いしたこともありました。

――前のポジションに行きたい理由が「歌唱パートが増えるから」というアイドルも多いけど、遠藤さんはそうじゃなかったと。

それよりもいいものを作って世の中に評価されたほうがいいじゃないですか。プレイヤーよりも裏方寄りの考え方なのかもしれません。だから、レコーディングは楽しかったんです。

――でも、ライブになるとまた違って。

苦手でしたね（笑）。

――遠藤さんのソロパートが来た時の、会場の「待ってました感」はすごいものがありましたよ。

伝わってよかったなと思うこともあって。私、「ドヤ、上手いやろ」みたいな歌手の方が好きじゃないんです。仮にそう思っていても包み隠して歌ってほしい願望があって。自分もそうでありたいとバランスをとってきたつもりなんです。だから、ファンの方に「ドヤ感のない歌い方がいい」と言っていただいた時はホッとした自分がいました（笑）。

――ビルボードライブ東京で行なったソロライブあたりからグループで活動していくなかで、「ひとりで歌っていきたい」と思うようになったんですか？

「ひとりでやっていける」と思ったことはなくて。ひとりでやれるような器じゃないけど、アイドルグループに長くいることはできないという葛藤がありました。10歳近く下の子と同じ衣装を着て、同じ内容の歌詞を歌うことに大人として違和感があったんです。23、24歳の年齢で中学生に当てはまるような甘酸っぱい恋愛を歌っても説得力がないんじゃないかって。グループにいることと自分がいるべき場所の乖離を感じたので、25歳が限界だろうなと思っていたんです。

――それで25歳での卒業を決めたと。

本当はもっと早く卒業したくて打診していたんですけど、すぐに抜けられるようなポジションではなかったので、あのタイミングになりました。もっと若くからはじめていれば、ああいった曲を楽しく歌えていたんでしょうけど、私は頑固で意固地で面倒くさい人なので、言ってることとやっていることが違うとイライラしてしまうんですよ。ただ、活動全体としては楽しい瞬間のほうが全然多くて。とくに、みんなと「面白」を追求することはなんて楽しいんだろうと感じていました。

――「面白」を追求するチームプレーがあったと。

そこにやりがいを感じていたんです。ライブのＭＣでも、どうやってトークを転がしていこうか一生懸命考えてましたから。このメンバーに振ったら隣のメンバーが突っ込んで、と膨らませていって、最後にドカンと突き抜けた瞬間がめっちゃくちゃ気持ち良くて。私にとっては快楽でした。

――事前にメンバー同士で打ち合わせをしていたんですか？

「私がこうボケるから、こうツッコんで」という話はしてました。ライブの台本って割とアバウトなんですよ。たとえば２曲歌い終わった後、「〇〇ちゃんどうでした？」と書いてあるんですけど、それが嫌いで。「どうでした？」と聞かれても当たり障りないことしか答えられないし、お客さんも聞き飽きていると思っていたので、途中から「私はこう話すから」と細かいところまで打ち合わせするようになったんです。

――セトリや衣装は与えられる部分はあるけど、ＭＣは自由度が高かったんですね。

そこにクリエイティブが発生していたんだと思います。

――実際、アイドリング!!!のライブは、バラエティ要素とライブが上手く融合している時が面白かったです。

そう思っていただけると、我々としては感無量ですね。ＩＮＧ（アイドリング!!!の後継ユニット）のＭＣがつまらないとヤキモキして教えたくなります（笑）。その子の発言が跳ねた時、何を言ったのか、なんで跳ねたのか、何回目で飽きられたか、覚えて記録していかないといけなくて。ＭＣは一番頭を使うんですよ。ＩＮＧの子たちには「歌やダンスを頑張っているけど、一番難しいのはＭＣだから練習や打ち合わせが必要だよ」と口酸っぱく言ってますね。

――アイドリング!!!のＭＣが面白いのは、番組で鍛えられていただけじゃなく〝レシピ〟があったんですね。

　ある程度はありましたね。ＭＣって追求すればするほど奥が深いことがわかってくるんですよ。ふざけながら真剣に考えてました。さかっち（酒井瞳）とか、ＭＣをクリエイトしてきたメンバーとはいまでも仲がいいんです。

――２００９年1月にはＡＫＢ48とのコラボ企画としてＡＫＢアイドリング!!!がありました。握手会で谷澤恵里香さんがＡＫＢ側の列の長さにへこんだという話を覚えてますが、ＡＫＢが握手システムをすでに確立していたという面もあるにせよ、何か感じることはありましたか？

　まぁ、よそはよそ、ウチはウチでしたね。人に合わせたり、みんなと同じことをやりたいと思うほど無意味なことってないんですよ。人生を俯瞰で考えると、人と比べても仕方ないじゃないですか。

――もちろん対抗意識もなかったと。

アイドリング!!!が結成された当初、「アイドルリング」で女の子9人がCDデビューを懸けて争うというコンセプトだったんですよ。だから、最初の顔合わせではおそらくライバル意識があったと思うんです。結果、そういう番組ではなくなったけど、どこかバチバチした空気を察したのか、塩谷さんが「この狭い世界でライバルを意識して、誰かが1位になったところでしょうがない。だったら9人で団結して上を目指したほうがいいんじゃないか」と言ってくれて。それで私たちのスタンスが変わったんです。だから、ＡＫＢだって同じフィールドでやってる子たちで、敵視することはないと思っていたんです。

——他のグループに対しても同じスタンスでした?

そうですね。よく「ライバル視しているグループはありますか?」とか「ここには負けたくないと思うグループはありますか?」と聞かれることがあったんですけど、いつも答えに困って。たとえばバニラビーンズは同年代だけど、グループの色はまったく違うし、張り合ったところで何も生まれないと思うんです。だったら、仲良くしていたほうが面白いじゃないですか。

——２０１０年以降、グループアイドルの結成が相次いで、その象徴がＴＩＦだと思います。

自分たちがバラエティに中心でやってきたので、コンセプトに合った衣装を着て、キャッチーな自己紹介をしてるグループには「本物のアイドルだ！」と思ってました。そんな正統派もいる一方で、私たちよりぶっ飛んだ子たちもいて。フィールドは一緒だけど、もはや異文化コミュニケーションとうか、肩書きはアイドルだけど、多種多様な人たちがいることが面白いなと思っていました。

――それこそ自分より若い子も多いわけですよね。

そうそう。BABYMETALの水野由結ちゃんなんて。小学生の時から知っているからかわいくてしょうがない。1年ごとに会うたびに大きくなっていて、成長を見る喜びがあるんですよ。同じ業種としてではなく、姪っ子を見ているような感覚でしたね。

――アイドル戦国時代が盛り上がる中で、遠藤さん自身はグループから卒業してソロで活動していこうと考えるようになるわけですが。

何かしら次にいかなきゃいけないという感じでしたね。自分の中で区切りをつけて、やめると告げていたので。その時はソロでやっていくことしか思い浮かばなかったんです。

――賭けでもありましたか？

賭けでしかなかったですよ（笑）。

——アイドルはファンという存在があるから、ある程度の安定した活動が担保されているところがありますよね。

アイドルという肩書があるだけで未熟でも許されるというか、これという武器がなくても、ファンの人は成長の過程を楽しんでくれて「次にできればいいよね」と応援してくれる。ある意味、甘えることもできたんです。だけど、アイドルという肩書をとった時……いや、「アイドルじゃありません」と言った瞬間からアイドルじゃなくなるわけじゃなくて、そこは難しいところなんですけど……未熟であることが許されなくなると、ひとつの芸を突き詰めなくちゃいけない。プレッシャーの密度が違うし、守られる盾が薄くなったように感じました。

——ソロ活動がはじまっても、ついてきてくれるアイドリング!!!時代のファンの方はいたんですよね。

そうですね。18歳で事務所に入って、いきなりソロ歌手としてデビューしようといっても無理ですから。たとえ嫌だったことがあっても、ここまでで終わりにしようと思っても、すべての活動が重なって層になっているので、「あの瞬間を消したい」と思うことはないんですよ。すべてがいまにつながっている。順調に人生を重ねることができてよかったなと思ってます。

——ソロアーティスト遠藤舞の楽曲制作陣は、小出祐介さん、津野米咲さん、オカモトショウさん、片寄明人さんと豪華でした。

恵まれた環境にいたから、ソロとして4年近く続けられたんだと思います。ひとりで器も中身も作ることはできないので。もちろん、その環境に応えるためにやれることはやったつもりです。

――やっぱり曲を制作する過程が楽しかったですか?

そうですね。曲を作っている時は自分から「ああでもない」「こうでもない」と意見を出していたし、まわりからも「一番集中している時間だよね」と言われていました。いま仮歌の仕事もやっているんですけど、自分の得意分野は、「入ったオーダーに対して忠実に歌うこと」だと思っているんです。その特性に沿った仕事をしたくていまの仕事を選びました。

――2017年末に芸能界を引退すると、18年8月に音楽の裏方に就いたことを発表しました。現在はボイストレーナーや仮歌制作をやっているそうですが。

いまが一番音楽と真剣に向き合っているかもしれません。人に教えるという行為自体でそうなるし、直接お金をもらうからより力が入るんですよ。それまでは給料制で、自分の金銭的価値なんてわかってなかったんですけど、いまは1レッスンいくら、仮歌1曲いくらで先方とやり取りしているので。アイドルが薄給であることは分かっているので、その貴重なお金をいただいて、その1時間が彼女にとって身になっているのか考えながら教えてます。

――アイドルを卒業後、振り付け師になるパターンはあってもボイストレーナーは珍しいかもしれません。

　ボイストレーナーが世の中に何千人、何万人いるか分からないけど、その中で一番優れたトレーナーになることは無理だと思うんですよ。じゃあ、自分の強みはどこかと考えたら、アイドルグループからはじまってソロでCDを出させてもらった経験なので、他のトレーナーさんよりアイドルの子たちに寄り添うことができるんじゃないかと考えたんです。ボイトレだけじゃなくてメンタル面を含めたケアもできたらいいなぁ、というのも大きくて。アイドルをやっていると、ファンやメンバー、運営……いろんな方との人間関係のなかで擦れていって、心がすさんでしまう瞬間って、絶対にあるんですよ。そんな気持ちがわかるほうだと思うので、歌やステージパフォーマンスもそうだけど、メンタル面の悩みにも寄り添えるようなトレーナーになりたいと思ってます。それが私のできることだし、求められていることなんじゃないかって。

――遠藤さん自身もアイドル時代にメンタルをやられたことはありましたか？

　めっちゃありましたよ。先ほど話した衣装と歌詞が年齢に合わないことなんて精神的にキツかったです。ただ、メンバーとは仲が良くて、人間関係で揉めたことはなかったです。他のメンバーを見ていると、いろいろあるんだろうなと思ったこともありますけど（笑）。そんな私の経験も踏まえて、歌のレッスンの時間が悩みを聞いてあげる時間になってもいいと思うし、時間があればレッスン後にお茶をしながら話を聞くことだってかまわないし、枠にとらわれない指導ができたらいいなと思ってます。そうやって求められることで、自分の存在意義を確認できている部分もあるのかなと。

——いま振り返って2010年から数年間のアイドル界は面白かったと思いますか？

面白かったですよ。個性の強い子ばかりでしたから。私、最初は全然アイドルに興味がなくて。正直、未熟なモノを見せられてお金を払うことに違和感があったんです。だけど、年齢を重ねると誰かが頑張ってる姿を観るだけで涙が出てきちゃうようになって。未熟な子たちが「今日はできなかったけど、翌週はできてる」となると泣いちゃうんです。それは私がこの世界から離れたからかもしれないけど。

——いわゆる青春映画って、高校生よりもその頃をすぎた大人のほうが観た時にグッとくるんですよね。

うん。うん。うん。その当事者が観ても……ということはあるのかもしれません。いまアイドルを見ていると、「どんどん失敗して、どんどん大きくなりなさい」って思いますもん（笑）。

——17年以降、解散を選ぶアイドルグループも増えてます。バニラビーンズやPASSPO

☆といった同じ時代を一緒に活動してきたグループも解散しました。

正直に言えば、年齢的には新陳代謝していくことは仕方ないですよね。美しい時にアイドルをやめるのはいいんじゃないかと思いますよ。

――遠藤さんはアイドルの経験がいまの仕事につながりましたが、他のアイドルも卒業後のキャリアを考えることは重要かもしれません。

なりゆきで幸運な道を進める人もいるけど、たいていの人は頭を使って考えなきゃ生き抜いていけないと思うんです。中途半端に1回売れてしまったことで、セカンドキャリアのことを考えることなく、気がつくと人気が落ちてお給料も減って、いい男性とも巡り合うことができない、みたいなことが心苦しい。「若さ」や「かわいさ」は期間限定のものだと当事者はなかなか気づけないので、自分たちみたいな人間が教えてあげなきゃいけないなと思ってます。

――ボイトレでそういう話もするんですか？

何回か教えてる子には言ってますよ。「いまやっていることが身になっているのかわからない」と聞かれたこともあったけど、後々につながっていくと考えながら活動すれば身になるはずだと思うんです。あとは、まわりにいる人を大切にすること。人間、ひとりじゃ生きていけないですから。

――アイドリング!!!のプロデューサーだった門澤さんや神原さんは、全員卒業後も仕事面でメンバーをフォローしてますよね。とはいえ、アイドル周辺には怪しい大人も多いじゃないですか。

見極める力もつけなきゃいけないと思うけど、私は女の子たちを守りたいんです。女性アイドルは持っている権利がすごく少なくて、大人に生かしてもらっているから、嫌なことを我慢しなきゃいけないと思ってる。日本の男性の特性なのかわからないけど、か弱くて反論してこない少女に上から圧をかけるような人だっているじゃないですか。いい人ばかりなんだけど、なかにはそういう人がいて、眠れない日々を過ごしている子もいるんですよ。私はそういうファンに「調子に乗るなよ」と言える側だったけど、アイドルをちゃんとやろうとしている子ほど、そういうことは言えないし、そこにファンも集まってしまう。そうやって我慢してる子を助けたいと思うんです。

——遠藤さんはさらに先の自分のことは考えていますか？

この仕事を続けて40歳になったら経営者になりたいんです。それで、アイドル出身で行く末に迷って「ボイトレになりたい」という子がいれば拾い上げて先生になってもらう。いまはそんな夢があるんです。

「自分たちの力ではその未来は変えられそうにないし、
ずっとアイドルを続けられないこともわかっていた」

槙田紗子（PASSPO☆／2009〜2015年在籍）

リニューアルした雑誌の表紙を飾った〝嘘なき熱量〟

11年春、『ＥＸ大衆』と並行して執筆していた『特冊新鮮組ＤＸ』（竹書房）の編集長が「相談がある」というので居酒屋で話を聞くと、アイドルを中心にした雑誌にリニューアルしたいという。僕は、ももいろクローバー（当時）を中心に朝まで語った。

『ＥＸ大衆』10年8月号ではグループアイドル特集を担当することになり、登場してもらったのが、ももクロ、ぱすぽ☆、Tomato n'Pine、バニラビーンズ、ＹＧＡ、中野腐女シスターズだった。

取材前の6月26日にSHIBUYA BOXXで行なわれたももクロのライブを観覧すると、身体能力の高さと感情の発露に驚かされ、僕はアイドルのライブに目覚めた。

ももクロを取材すると、さらに驚かされた。全力の自己紹介から入って、ひとりが話している時も他のメンバーが積極的に話を広げようとする姿勢を見せ、インタビューが終わるとノリノリでＡＫＢ48の『ポニーテールとシュシュ』を歌い出す。表と裏がないにもほどがある。そんなももクロを一気に好きになった。

8月7、8日に行われたＴＩＦにももクロが出演。この時の映像が拡散されてファンが急増する。12月24日の『ももいろクリスマス』（日本青年館）から、11年4月10日の早見あかりにとって最後の公演となる『ももクロ春の一大事』（中野サンプラザ）を走り抜けると、ももクロの人気は爆発した。

11年8月号から半年間、『ＥＸ大衆』で連載企画「ももクロスーパースター列伝Ｚ」を手掛けた。ももクロのメンバーからエピソードを聞き、往年のプロレスラーや格闘家のエピソードと重ねるという試みだった。佐々木彩夏さんとは『週刊プロレス』の工藤めぐみ表紙オマージュした写真を撮影したことを覚えている。連載でお願いしていた女性カメラマンは、後にももクロのオフィシャルカメラマンになり、ファンの間でも有名な存在になった。

8月20日、よみうりランド・オープンシアターＥＡＳＴで「ももいろクローバーＺサマーダイブ２０１１～極楽門からこんにちは～」が開催。〝極楽門〟はグループがサブカルからメジャーに確変する転機となり、『特冊新鮮組ＤＸ』がアイドル雑誌『TopYell』にリニューアルした4号目となる11年10月号は、このライブの写真が表紙になった。

〝極楽門〟観覧後、知人のイラストレーターに誘われてマスコミが集まる飲み会に参加した。歌舞伎町の裏にある狭い中華料理屋で、15人近くの業界人がライブの感想戦を行なっていた。社会性のない僕がキョロキョロしていると、何度か取材でお世話になっていた吉田豪さんが「『ＥＸ大衆』で『ももクロスーパースター列伝Ｚ』を連載している大貫さん」とまわりに紹介してくれた。ライターとして得意ジャンルのない僕にとって代表作ができたような誇らしい気持ちになった。

しかし、『ももクロスーパースター列伝Z』の連載が半年で終わってしまうと、ももクロとの縁は薄くなってしまう。ももクロは出演する雑誌媒体を絞るようになったからだ（ライブレポートは掲載できた）。限られた媒体のひとつが『クイックジャパン』（太田出版）で、ライターは元『週刊プロレス』（ベースボールマガジン社）の小島和宏さんだった。〝ホンモノ〟が出てくれば、僕は引っ込むしかない。

『TopYell』の1号目（11年7月号）の表紙は、スマイレージやSKE48を押しのけて、5月27日に行なわれた「アイドル・フェスティバルinヒビヤ」でパフォーマンスするぱすぽ☆（後にPASSPO☆に改名）が飾った。

試合中の選手を表紙にする『週刊プロレス』のように、『TopYell』はライブ中のアイドルを表紙にしたのだ。僕はそのライブレポートで、ぱすぽ☆のパフォーマンスを「ブレーキの壊れたダンプカー」と、スタン・ハンセンの異名に例えて表現したところ、編集長は「これだよ、これ」と讃えてくれた。

『TopYell』の軸はアイドルのライブリポートとインタビューで（12年2月号まではアニメも扱っていた）、グラビアが中心となる従来のアイドル雑誌とは一線を画していた。

ぱすぽ☆はメジャーデビューシングル『少女飛行』（11年5月4日リリース）がオリコ

ン週間ランキング1位を獲得。メンバー毎のジャケット盤を出して、リリースイベントで予約を積んでいく手法に否定的な声もあったが、あの熱量に嘘はなかった。

ぱすぽ☆のメンバーは王道、ギャル、サブカル、スポーツといった各ジャンルが揃っており、同じクラスだったら友達になっていないような子たちが「アイドルグループだから」集まっていることから、僕はスクールカーストを超えて集まった生徒が底辺から頂上を目指すアメリカの連続ドラマ『glee』を想起した。

ぱすぽ☆のメンバーの中でも「普通」に見えたからこそ惹かれたメンバーが槙田紗子さんだった。スカウトされた他のメンバーと違い、履歴書を送って事務所に入った槙田さんは、自己紹介で「今日も地味に頑張ります！」と宣言。見た目の派手さこそないものの、ステージで踊る姿は輝いており、「普通」から「主役」に裏返る瞬間が訪れる日が来ると期待させた。

取材で話を聞くと、アイドルオタクでもある槙田さんはプロデューサー目線を持っており、彼女がアイドルを育てる未来が想像できた。グループ活動と並行して大学の経営学部に通っていたのも、アイドルをプロデュースするための一環かと思ったが、現役時代の槙田さんは「微妙ですね」と言葉を濁した。

――槙田さんが応募した時って、まだプラチナムプロダクションはグラビアアイドルの事務所というイメージが強かったと思います。

そうでしたね。最初、アミューズやレプロに履歴書を送っていたんですよ。大きい事務所にしか入る気がなくて。

――アミューズやレプロがアイドルを募集していたわけじゃないんですよね。

「飛び込み」みたいな感じで履歴書を送ったんです。返事がないから、「グラビアは自分に合わないけど」と思いつつ、『クイズ！ヘキサゴン』で活躍している木下優樹菜さんが好きだったので、プラチナムに履歴書を送ったら翌日に電話がかかってきたんです。「早っ」と思いながら事務所に行ったら、PASSPO☆を作ろうというタイミングで、しかも年齢的に中3の子がほしかったみたいなんです。事務所内オーディションを受けて。気がついたらPASSPO☆になってました（笑）。

――アイドルグループの「メンバーはみんな個性的で」はもはや常套句になっていますが、と言われることが多いんですけど、PASSPO☆は本当に個性的でしたよね。

いい意味で事務所が放任主義で、「自己責任でお願いします」というスタンスなんです。「事務所がすべて用意しました」ということはなくて、自分で行動しないと何もしてくれない。でも、「頑張ってダイエットして○キロ落としました」とか、行動を見せるとちゃんと評価してくれる。そこは良かったなと思います。

――ギャルっぽい子から正統派、サブカル……クラスのカーストが違う子たちが集まった感がありました。そのなかで槙田さんは「地味キャラ」でしたが。

それは作られたキャラというか、事務所の人と話して決めたんです。他のメンバーは自分のキャラクターをわかっていたけど、私はキャラがないことに悩んでいて。それを当時のマネージャーに話したら「紗子は地味だから、地味キャラでいいんじゃね？」と言われて、私も「おいしい」と思ったから乗っかったんです。その頃、ももクロのあかりん（早見あかり）を見て感じていたのが、言っておけばキャラクターは浸透するんだと思ったんです。あのビジュアルから「クールビューティ」と言われていたけど、実際のキャラは違っていたじゃないですか。私も「地味です」と言っておけば、そう思ってくれるはず。地味キャラを見つけてからは楽でしたね。

――楽というと。

セルフマネジメントしやすくなったんです。「これを言えばウケるかな」とか「これを言えばファンが増えるかな」と自覚的に発言してました（笑）。「地味」というフレーズを使うだけで「面白い」と言ってもらえるんですよ。

――他のメンバーはスカウトで、自分だけ応募ということにコンプレックスはなかったですか？

逆に、自分の意志で入ったのは私だけなので、それをネタにできたし、ただ、オーディションで作られたグループに悔しさを感じることはありました。そういう環境でアイドルをやってみたかったんです。48Gや乃木坂のような選抜制のあるグループなんていつ落とされるか分からない緊張感の中でやってるじゃないですか。私は思考が体育会系なので「ぬるいんじゃないか」と思ったこともあります。フェスで他のグループのリハーサルを見て落ち込むこともありましたから。

——ガツガツさが足りないと思ったと。

いま思えば、私が子供だったんですよ。解散ライブ（２０１８年9月22日）を観て、PASSPO☆が他のアイドルから支持されていた理由が分かったというか。PASSPO☆には、「事務所のルールに則って、決められたことをしっかりやります」というグループにはない自由度の高さがあったんですよ。自分が在籍していた時はそれに気づくことができなかった。PASSPO☆が事務所の言うことを素直に聞くようなグループだったら人気が出ていなかったと思います。PASSPO☆の魅力って、私が持っていないところにあったんだなと痛感しました。

——PASSPO☆はもっと踊れるようになったほうがいいという気持ちはありましたか？

すごいありました。でも、無理なんですよ。PASSPO☆は若い頃に基礎レッスンを受けてないから。16歳でスタートしても、すでについてる動きの癖は取れないんです。その状態で応用である振り付けからはじめても越えられない壁があるんですよ。ハロプロに比べるといろいろと言われがちですけど、ＡＫＢ48だってめちゃくちゃ上手いと思うんです。基礎ができている子が多くて、ひとりで踊らせても全然大丈夫なレベル。でも、PASSPO☆はそうじゃないところに魅力があると思ってます。社長も「そこまでダンスを揃える必要はない」という方針だったので。

――振り付けの竹中夏海先生はそれを踏まえて教えていたんですよね。

そうです。そうです。個性を大切にしてくれる人だったので。竹中先生は振り付けの先生という立場を超えて、家族みたいな存在になってました。メンバーの内面のケアもしてくれたんです。いま私が振り付けをするうえで、竹中先生の影響はめちゃくちゃ大きいと思います。振り入れまでの間に、竹中先生がどんな振りを作ってくれるのか予想するのが楽しくて。たまーに一致すると「こうすると思ってた！」とひとりではしゃいでました（笑）。初期の頃、みんなでももクロの映像を観て勉強していたんですけど、それも竹中先生に「（百田）夏菜子ちゃんの表情を観て勉強しなさい」と言われたから。「人に伝えるってこういうことだよ」って。

――そんなこともあったんですね。

ウチらは最初の頃、パフォーマンス中の表情が〝真顔〟という感じでしたから。表情の作り方とかエネルギーの出し方が分からなかったんです。１回目のＴＩＦ（10年8月7、8日）で、夏菜子ちゃんの動きが激しすぎるからピンがとれて帽子が浮いちゃっ

槙田紗子――取材日／2018年11月15日

たことがあって。女性から見たら「気になってしょうがないだろうなぁ」というシチュエーションなんですけど、夏菜子ちゃんは1回も髪の毛を触らなかったんです。その姿勢も先生に「素晴らしいから見習って」と言われました。PASSPO☆はすぐ前髪をイジっていたから。

——観ている側の集中力も途切れますからね。

初期は他のグループを観てステージでのマナーを学んでました。東京女子流もそう。半分ファン目線もありましたけど、とくにひーちゃん（新井ひとみ）には「あんな若いのに指先にまで表情をつけてる！」と衝撃を受けました。ただ、竹中先生も初めての振り付けで、PASSPO☆と一緒に成長していったと思うんです。その結果、先生はバカ売れしましたけど（笑）。

——『アイドリング!!!』でバカリズムさんが一番売れたように（笑）。

本当そうですよ（笑）。

——PASSPO☆は対バンライブに強かった印象があります。

対バンの時のPASSPO☆は「戦闘機みたい」と言われてましたよね。みんなガッツがあって、負けず嫌いしかいなかったんですよ。いま教えてるグループに対して「ガッツが足りてないな」とめっちゃ思ってます。他のグループを全部潰すくらいの気持ちで対バンに出ないと、この世界で生き残ることはできない。PASSPO☆の時は本当にそう思ってましたから。「全グループ殺しにいくぞ」くらいのオーラを放っていた（笑）。それに、当時はグループの数がいまほど多くなかったから、頑張れば頑張っただけ結果がついてきたんです。

――２０１０年から12年くらいまでの対バンライブは新鮮な組み合わせが多くて、それぞれに対抗意識もあったと思います。

　仲良くするのもいいけど、そのグループのファンを奪いなさいよ…と思っちゃうんですよ。一緒に写メを撮ってる場合じゃないでしょって（笑）。

――２０１１年5月4日に『少女飛行』がオリコン1位を記録しました。

　運も実力の内ですからね（笑）。

――震災の影響で発売が伸びて、その分リリースイベントもできたんですよね。解散ライブで『少女飛行』が売れたことに感謝していてよかったなと。『少女飛行』のヒットが呪縛になっていた部分もあったと思うので。

　逆に、「『少女飛行』がなかったら」と想像すると恐ろしいですもん。何も残してないグループになっていたかもしれない。芸能界ってまず引っかかりがないと見てくれない。「オリコン1位」という引っかかりがあるなんてラッキーでしたよ。

――『少女飛行』からガクッと落ちたわけではなく、ちゃんと売れ続けて。２０１２年に中野サンプラザ、２０１５年にはTOKYO DOME CITY HALLでライブをしています。ただ、それ以上の会場となると日本武道館になってしまうのがもどかしいなと。５０００人規模の会場が少ないので。

単純に武道館でライブをやってよかったんじゃないかと思ってるんです。「なんで守りに入ってるんだろう」と思ってましたから。無理してやることじゃないけど、他のグループの武道館ライブが続いた後、「満を持して」という形ならアリだったのかなと。PASSPO☆はアイドルに詳しくない人でも聞いたことはあるグループだから、「一番大きい会場はどこだったの？」と聞かれて「ＴＤＣ」と答えると、「もっと大きいところでやってると思ってた」といまだに言われるんです。「武道館でもやれたと思うけど、タイミングを逃したんだよね」と返してます（笑）。

——とはいえ、活動が静かだなと感じた時期もありました。

スタッフの変動が激しいのも一因だったと思います。

——いわゆる大手芸能事務所のほうが安心感はありますが、会社だと人事異動の影響で方針が変わったり、担当者のやる気のあるなしが表に出ることがありますよね。

どこの事務所でもある問題だと思います。だからＷＡＣＫ（渡辺淳之介がつばさプラスから独立して立ち上げた事務所でBiSHやBiSが所属）強いんですよ。ＷＡＣＫは渡辺さん率いる「チーム」じゃないですか。現場のマネージャーが変わることがあっても、ボスは変わらない。どのグループも少なくとも売れるまではチーム感が必要だと思うんです。PASSPO☆は振り付けの竹中先生と作詞作曲のペンネとアラビアータさん（阿久津健太郎）という体制が変わらなかったので、チーム感はあったと思うけど、レーベルのユニバーサルが外資系だったのでそのスタッフさんはけっこう変わりました。そこにブレが生じたこともあったと思います。

――２０１４年３月にBAND PASSPO☆がお披露目されて以降、バンド活動も並行するようになります。BAND PASSPO☆以前にメンバーが少しずつ楽器を持っていくようになるのも面白かったです。

そもそも、社長はインディーズの時からPASSPO☆をバンドにしたかったみたいで。それを４年後にやるという（笑）。私は絶対にボーカルはできないから、それ以外で一番目立てるのはリードギターだと思って、誰かに取られる前に社長に直談判したんです。同じ日に奈緒美さんも「やりたいです」と社長に言いに来たみたいで（笑）。ギターが２本だったからよかったです。

――槙田さん、目立ちたかったんですか？

「前に出たい」「人気がほしい」という気持ちはめっちゃありました。

――実際、人気ありましたよね。

そこそこでした（笑）。顔がまこっちゃん（奥仲麻琴）、根岸、（増井）みおに劣ってる自覚があったので。

――会場のサイリウムの色だけ見たら槙田さんの緑は2番目くらいに多い印象がありました。

握手会の列でいえば根岸が不動の一番で、みお、まこっちゃん、紗子が日によって変わる感じでした。ただ、大事な撮影は顔が大事だから、私以外の3人が呼ばれることがほとんどなんですよ。地上波の番組もそう。世知辛いなぁと思ってました。

――現場ではそれなりに強かったけど。

「ファンの中では人気」を絶対に落としたくないと思ってました。その3人に混ざっている自分は維持したかったんです。ライブを頑張る理由のひとつは握手会のためでした。握手会では人気順に並べられるから、目に見えてわかってしまうんですよ。ジャケ写だって前列後列で分かれていたら、前列が人気メンバーになっている。そこにはわかりやすい序列があったし、事務所からの印象を落としたくない気持ちがありました。

――自分たちが演奏して、増井さんが衣装デザインして、槙田さんが振り付けして、セルフでなんでもできるグループに近づいていく。メンバーの発言も含めて長く続いていくんだろうなと思ってました。

私もそう思ってました(笑)。でも、PASSPO☆に限らず、中途半端に続けるより解散のほうがいいと思うんです。解散って美しいじゃないですか。PASSPO☆の解散ライブを観て、より実感しました。それに、メンバーにとって卒業より解散のほうが「落ちた感」がないんですよ。私だったら「PASSPO☆を卒業したら興味がなくなった」というファンの方がたくさんいたと思うけど、解散だと全員がPASSPO☆じゃなくなったから変わらず応援してくれるんじゃないかなって。ベイビーレイズJAPANさんなんて、事務所が解散した後の仕事をしっかり用意してるじゃないですか。全員が新しいスタートラインにたったように見える。私も解散のほうがよかったな（笑）。

――いやいやいや（笑）。何を思いながら自分のいないPASSPO☆のライブを観ていたんですか？

一度、私がいないPASSPO☆のライブを観た時は全然違うグループに見えたんです。私は本当にこのグループにいたんだろうかと思うくらい。でも、ラストライブを観て「確かにこのグループにいた」と思えたんです。セットリストに少し前の曲もあったし、みんなのエネルギーもすごくて。

――エンドロールに槇田さんの言葉が出てきました。

私にとってPASSPO☆は「血液」というメンヘラみたいなコメント（笑）。実際、私が今後何をしようと根本にはPASSPO☆があるんですよ。いまの私はすべてPASSPO☆で作られていると思って。常に体の中にあるものだから「血液」と書きました。いまの仕事をしていても比較対象は常にPASSPO☆で、いま面倒見ている子たちに対し

槇田紗子――取材日／2018年11月15日

ても「PASSPO☆と比べたらこうだろうな」としか見ることができないんです。

——改めて、槙田さんがPASSPO☆を卒業した理由を教えてください。

このままズルズルいたらヤバいなと2年くらい考えていたんです。でも、生活の中に当たり前のようにPASSPO☆があったから一歩踏み出すことができなくて。まこっちゃんも同じようなことを考えてたけど、「この子はやめないだろうな」と高を括っていたんです。でも、まこっちゃんが本当に卒業を決めたから驚いて（笑）。「先を越された！」と卒業のスイッチが入ったんです。事務所の方は「槙田紗子はやる気にあふれていて、PASSPO☆をやめるわけがない」と思っていたからすごく驚かれました。「絶対戻ってくると思うから」と言われて活動休止期間をいただいたんですけど、私の中で気持ちが変わることはなくて。

——25歳くらいまでは「将来を決めるモラトリアム期間」と考えてもいいと思うけど、槙田さんは「ズルズルいたらヤバい」という認識だったんですね。

最初の3年くらいは自分の若さもあって、「このまま売れて有名人になれるんだろうな」と思っていたんですけど、私が思い描いていた未来と違ってきたんです。自分たちの力ではその未来は変えられそうにないし、ずっとアイドルを続けられないこともわかっていたので、いいところで身を引こうと思ったんです。

——卒業のタイミングでは「将来こうしよう」と考えていましたか？

その時点では疲弊しちゃったので、もう表に出る仕事はしたくないと思ったんです。ひっそり生きようと（笑）。活動休止期間は大学に行くことと後輩グループの振り付けだけをやっていて。そんな生活にめちゃくちゃフラストレーションが溜まっていたんです。いままでは自分のやりたいこと、思っていたことはすべて発信できていたのに、それができなくなって、インプットとアウトプットのバランスがとれなくなってました。それで、私は表と裏の両方をやりたい人なんだと気がついたんです。そこからはブレてません。まぁ、卒業直後はくそニートでしたけど。

——バイトもしていたんですよね。

でも、社会不適合者だから続かなくて（笑）。ルーティーンができないんです。同じ時間に同じ場所に行く、という刺激のなさに耐えられなかったんです。毎日違う仕事をやって、いろんな人にあって、ステージに立って、という刺激的な生活を送っていたから。「自分は普通に働けないダメ人間なんだ」って落ち込みましたよ。でも、ネガティブに考えても仕方ないので、「イレギュラーな世界で生きていく人間なんだ」と気持ちを入れ替えて。親に借金してバイトをやめました。恵まれた環境だからできたことですよね。

——地方出身の子だったらそうはいかなかったかもしれない。

そう思います。神奈川の実家にいたので。仕事がないので事務所もやめました。「PASSPO☆じゃない自分には価値がないんだ」と思っていたんですけど、それは事務所に入っていたからだなと。どこかに属している意味合いを感じなかったんです。どこの事務所もそうだと思うんですけど、「何がやりたい？」と聞いてくれるんですよ。希望に沿った営業をしてくれるのかもしれないけど、私は「なんでもやりたいです」としか言えなくて。振り付けの仕事をやりたいし、お芝居に興味もあるし、ラジオパーソナリティーやレポーターだってできると思います……そんなことを話すと、「ひとつに絞って」と言われるんですよ。私は全部やりたいのに、それはダメと言われているようで。だったら事務所をやめてしまえと思ったんです。8年間所属していたんですけど、やめると決めてから実際に退所するまで2日ですべてを済ませました。

――そんなに早くできるもんなんですね。

プラチナムのいいところは「去る者は追わず」なところなんですよ。

――仕事も継続させてもらって。

そうですね。連載も全部続けさせてもらって、プラチナムのグループの振り付けもさせてもらって。本当に優しい事務所だと思います。

――事務所をやめても振り付けの仕事は増えてますよね。

事務所をやめた瞬間から仕事が増えだして、食えるようになったんです。オファーする側は連絡がラクだし、私からのレスも早いので。自分のことは自分でしなきゃいけないと覚悟を決めたことも大きかったと思います。事務所にいるとどうしてもスタッフの方に頼ってしまう。頼るから不満が出てくるわけじゃないですか。「仕事を持ってきてくれない」と嘆くのは、自分の力で何もしようとしてないからだと気づきました。

——いま若いアイドルに振り付けしていて、自分の時とは違うなと思うことはありますか？

明らかに違うのが、いまはアイドルの人気が落ちているということ。私が振り付けしているグループがメジャーではないというのはあるけど、スカスカのライブハウスでやってることが多くて。夢を持って東京に出てアイドルになったはいいけど、「平日の誰も来ないような時間になぜブッキングした？」というライブに毎週のように出て、床しか見えない客席に向かって歌う姿に心が痛くなるんですよ。いま思えば満杯の会場しか見たことないPASSPO☆は恵まれていたんだなって。だから、私はいま教えてる子たちを上に引っ張りあげたいんです。関係者の方に会うと、「このグループいいんですよ」と営業してますから（笑）。

——教え子から相談を受けることもありますか？

ありますよ。「売れたいんですけど、どうしたらいいですか？」とか「大学に進みたいんですけど」といった相談には、できる限り答えようと思ってます。ただ、あまりプライベートで関わらないようにしているんです。ある程度の緊張感は必要だと思うんです。常に先生として見てほしいし、私もそうしなきゃいけない。「先生も人間なんだ」と思われるのも嫌だし（笑）、あくまで「外注」という立場はキープするようにしてます。

――２０１０年以降のアイドル戦国時代は、槙田さんにとってどんな時間でしたか？

楽しかったですね。本当に活気があったし、ゆび祭りをはじめとして意味も話題性もある対バンライブも多かった。いま欠けているのはそこだと思うんです。「この時間でレッスンしたほうがいいよ！」と思ってしまう対バンライブもありますから。メンバーの稼働費やスタッフの給料を考えたらマイナスになるようなライブもあるのに、「稼働させておけばいい」という考え方でやってる運営を見ていると不思議に感じてしまうんですよ。ファンが増えるわけじゃないからメンバーが疲弊していくだけで、結局は卒業していっちゃう。

――アイドル界が縮小していく寂しさは感じていますか？

でも、絶対にまたブームはくるので。5年後くらいかな。いまは入れ替わりの時期だと思ってます。

――5年後は、槙田さんはアイドルを支える側としてブームを牽引していくと。

次のアイドルブームを狙ってグループを作りたいと思ってます。いまはそのためにキャリアを重ねて、人脈を広げているところなんです。5年後にすべてのコネを使おうと思ってます（笑）。

槙田紗子——取材日／2018年11月15日

「それがアルバムと合わせたとはいえ1万5000枚って
『解散しろ』と言われているようなものじゃないですか」

レナ（バニラビーンズ／2007〜2018年在籍）

アイドル関係の仕事が増えていく中での出会い

ライターにとって、10年代のグループアイドルは〝空き家〟だった。ハロプロやＡＫＢ48を追っているライターは、アイドル戦国時代のグループにまで手が回らなかったからだ。僕はアイドリング!!!、ももクロ、ぱすぽ☆に加え、エイベックスの東京女子流とSUPER☆GiRLS（スパガ）を取材するようになる。

アイドル戦国時代が語られる時、ももクロ以降はでんぱ組.incやBiSといったエッジの効いたライブアイドルが言及されることが多い。しかし、ぱすぽ☆やスパガといった大手芸能事務所が仕掛けたグループが裾野を広げたことは間違いないし、そこに熱狂はあった。

グループアイドルを扱う雑誌としては後発となった『ＥＸ大衆』や『TopYell』は、アイドル専門誌の老舗でグラビアがメインの『ＢＯＭＢ』（ワン・パブリッシング）や『アップトゥボーイ』（ワニブックス）と違い、もともとサブカルチャー的なネタも扱う総合誌だったからか、つくりこんだ記事ページも多く、このページ構成だと、事務所や本人が発信する情報をなぞるだけのインタビューでは尺が持たなかった。僕は積極的にライブに足を運び、事前に立てた仮説を投げ、否定されてもそこから話を広げることで取材を進めた。先駆者である吉田豪さんや小島和宏さんのインタビューも読みこんだ。こんな取材を重ねていくうちに、アイドルまわりの仕事が増えていった。『TopYell』では、関係者インタビューやグループを超えた対談など、当時のアイドル界を読み解くための記事を担当することもあった。ぱすぽ☆の振り付け師、竹中夏海さんへのインタビューは、彼女が他のアイドルグループの振り付けを解説するコラム連載に発展する。変わったところでは、ＵＦＯ好きアイドルと矢追純一氏との座談会も企画・執筆した。

定期的に取材していたのが、乃木坂46の中田花奈さんや私立恵比寿中学の廣田あいかさんといった「アイドル好きアイドル」へのインタビューだ。いまでこそアイドルファンからアイドルになるケースは多く見受けられるが、まだジャンルが成熟していない頃、彼女たちは貴重な存在だった。

なかでも、自己紹介が「趣味はアイドル研究、愛読書はアイドル雑誌。今、いち押しのアイドルは…」だったバニラビーンズのレナさんには何回も取材させてもらった。レナさんは雄弁で、時に自虐的なユーモアを交えながら、鋭い分析を披露してくれた。ＴＩＦをはじめとした対バンライブのＭＣを任されたのも納得だ。

プレイヤーとしてのバニラビーンズは、音楽性の高さや斬新な宣伝手法で注目を集めた。僕は、シングル『LOVE&HATE』で実施されたタワーレコード渋谷店でのマネキン生活を目撃する。2階に設置されたショーケースに2人が座っていたが、あまりに自然で気づかない人も多いようだった。

スマイレージや東京女子流が出演し、ももクロが百田夏菜子のエビ反りジャンプでインパクトを与えたことで、アイドル戦国時代の先鞭をつけた『MUSIC JAPAN』「アイドル大集合」（NHK／10年5月30日）にも出演していたバニラビーンズは、その番組のMCを務めていたPerfumeのようにブレイクする可能性を秘めていた。本人たちもPerfumeのロードマップを意識していたようだ。

18年10月6、7日のライブをもってバニラビーンズは解散。その発表時、レナさんは「バニラビーンズを守りきれませんでした」とコメントした。

——レナさんにはなりたいアイドル像はあったんですか？

アイドルになりたかったというか、テレビの中に入りたかったんです。最初に憧れたのが安室ちゃんで、その後、芸能界に入る近道を探した時にモーニング娘。のオーディションがあって。ラッキー7オーディションでは最終選考まで残ったんですけど、面談でつんく♂さんに「もしひとりでデビューできると言われたらどうしますか？」と聞かれて、「ひとりでデビューすることを選びます」と言ってしまったんです。

——それが受からなかった原因だと。

つんく♂さんのリアクションで「集団行動ができる子を探していたんだ」と気づいたんです。そもそも「芸能界への近道」と考えていた心が見透かされたのかもしれません。

——つんく♂さんにはどんな印象がありましたか？

こちらに目線を下げて話してくださる方だなと思いました。これは有名な質問なんですけど、面談で「モーニング娘。を焼きそばに例えたらどこになりたい？」とも聞かれて。麺という主役になりたいのか、色付けするソースになりたいのか……私は「マヨネーズ」と答えたんですよ。「さらに美味しくする役目」ということで。

——良さそうな例えじゃないですか。

私が受けたラッキー7オーディションは「該当者なし」だったんですけど、その次に行なわれたオーディションで受かったのが久住小春ちゃんだったので、即戦力を求めていたのかなって。後から「いまのモーニング娘。は太麺だから私は細麺になります」くらい言えばよかったと思いました。

――AKB48のオーディションも受けていたんですよね。

その頃、片っ端からオーディションを受けていたんです。私は17歳ですぐにでも滋賀から出たくて、周囲を説得するためには「東京で仕事がある」という理由を作らなきゃいけないと思って。

――モーニング娘。の最終審査までいけば「私、いけるんじゃないの？」と思っても不思議じゃないですよ。

姉が『恋のから騒ぎ　女子高生スペシャル』（日本テレビ系）のオーディションに私を推薦したんですよ。私としてはモーニング娘。を受けるのに悪いイメージを与えそうな番組に出たくなかったけど、オーディションがとんとん拍子で進んで出演することになって。しかも「エピソードをしゃべらなくていいから座っててください」と言われたんですよ。そうなると「東京で勝負できるんじゃないか」と思ってしまいますよね。

――学生時代はモテていたんですか？

そんなことはなくて。めっちゃ人見知りで、コミュニケーションを取ることが苦手だったんです。人前でご飯を食べられなくて、今でいう〝便所飯〟をしたこともありました。まわりに「ここの養成所に入った」みたいな子はいたけど、私は「オーディションがここまで進んだ」とか一切言わなかったんです。夢って軽々しく口にするもんじゃないと思っていたから。

でも、心の中では「私だけはここから抜け出してやる」と唱えてました。今となってはそんなライバル心で損をしていたかもしれません。学生時代は楽しんだほうが良かったなって。友達とプリクラを撮ることも、カラオケに行くこともなかったので。

——友達と遊ばずに何をしていたんですか?

上京資金を貯めるためにめっちゃアルバイトをしていました。両親は金銭面でバックアップしてくれないけど、「やりたいことはあれば自分でやりなさい」と言う人だったので。

両親としては地元の短大に進んでほしくて、推薦も決まっていたけど、短大を卒業してから上京したら自分の賞味期限は切れてしまうんじゃないかと思ったんです。今しかできないことをしたくて何もないのに上京して、専門学校に通っているお姉ちゃんの家に転がりこみました。

——東京にきて事務所を探したんですか?

それが、お姉ちゃんと渋谷に行ったら、そこで5社くらいにスカウトされて、そのひとつがバニラビーンズの会社だったんです。

——普通の芸能事務所ではなかったんですよね。

カゼプロという広告代理店、ミラクルバスという音楽制作事務所、最初の相方（リカ）が所属していた芸能事務所フィットワンが立ち上げたフラワーレーベルの所属になったんです。最初に聞いた時は謎すぎたけど、徳間ジャパンでデビューすることが決まっていたから、「じゃあ、ここにしよう」と。1stシングル発売後、リカが脱退してフィットワンも抜けて。「どうしよう」となった時、カゼプロにいるモデルの子が引っ張ってきたのがリサなんです。

——ビジュアルイメージや「北欧から来た」という設定はすんなり受け入れました？

「何かになりたい」というのが根本的にないのですんなり入っていけました。私は芸能の世界で歌えていればよかったんです。ただ、ライブやリリースイベントは楽しかったけど、自分の実力のなさを痛感することにもなりました。もっと歌えると思っていたので。

——振り付けの動きが少ないのもバニビの特徴でした。

2ndシングル『ニコラ』の振り付け師は本来ならバリバリに踊る方だったんですけど、ほぼ素人の私たちはボックスすら踏めなくて。もっと振りがあったのに踊れないから削ぎ落していって。それがバニビのスタイルになりました。「Winkみたい」と言われることはあったけど、振り付けの先生は「ヴォーギング」を意識していたみたいです。

——簡単な振りが進化していくアイドルグループもいますが、バニビはそうじゃなかったですよね。

私たちは「これ以上」を望まなかったんですよ。もっとステップを踏めるようになろうと思わなくて、その曲ごとの振り付けを完成させることがゴールになってました。ボーカルもユニゾンで歌うことに納得していて。だから、個人の能力が伸びることもなかったんです。

——結果的にそれが個性になったと。

消去法だったんですけどね（笑）。ただ、ＭＣを頑張ろうという意識は高かったです。ライブで一体感を出せないならＭＣで一体感を出そうと方向転換して。それも自分たちじゃなくて他の出演アイドルの話をしていたんですよ。ＭＣも盛り上がるし、主催者も喜んでくれるじゃないですか。

——レナさんへのインタビューも他のアイドルに関する話ばかりでした。

そもそも自分の話をするのが苦手なんですよ。「レナさんってどんな人ですか？」「バニラビーンズってどんなグループですか？」と聞かれても答えづらいというか。

——性格的な問題ですか？

それもありますし、バニラビーンズは作られたグループで、自分たちの意見が反映されていないんですよ。例えば「今回はどんな楽曲ですか？」と聞かれても、作詞作曲しているアーティストじゃないから「とりあえず聴いてください」と言うしかない（笑）。そもそも「北欧出身」みたいな設定を本人たちがあまり理解してなかったので。

――バニビの2人が制作に意見を出すことはなかったんですか？

意見を出したことは99%なかったです。最後の最後に置き土産として、自分の好きなFIVE NEW OLDのHIROSHI NAKAHARAさんに曲をお願いして、歌詞は10年間の荒波にもまれた想いを箇条書きにして送って田形美喜子（作詞家）に書いてもらいました。

――17、18歳のアイドルとは違うわけで、「こうしたほうがいいんじゃないか」ともどかしく感じることはなかったですか？

逆に17、18歳の子のほうが強い意志があるのかもしれません。20代後半になると「仕事だから」と割り切れるんですよ。バニビの場合は所属が芸能事務所じゃなく広告代理店で、社長は宣伝マンだから、中身よりも「どうやって面白く展開できるか」を考えていたんです。だから、前半は社長の思い付きでいろんなイベントをやってました。ただの宣伝トラックじゃなくて、私たちがその中で生活するとか。ファンの方の家に紅茶を入れにいったこともありました。そんな宣伝をしたいためにＣＤを出す、みたいな感じだったんです。

——本人は「これ面白いぞ！」と思っていたんですか、それとも「何をやっているんだろう」だったのか。

最初は「何をやってるんだろう」のほうが強かったです。でも、やっていくうちに2人とも「その場を楽しんだほうがいい」という考え方に変わりました。

——ファンがシャレのわかる大人だったのもよかったんでしょうね。防護服を着てのハグ会もありましたし。

「女性」という売り出し方をしていなかったんですよ。社長が考えていたバニラビーンズが「北欧から来た意志を持たないフランス人形」だったので。活動の後半まではジャケット写真やMVは無表情で通してましたし。だから、恋愛対象として見ているファンがいなかったんです。今でいう〝ガチ恋〟がいなかった。ごく少数いたとしても、想いが届かないから天に召されたと思います（笑）。

——いわゆる〝釣り〟みたいなことをやったほうがいいとは思いませんでしたか？

やったほうが太いお客さんが掴めたのかもしれないですよね。バニビって相方がお金持ちと公言していた分、「僕が支えなくちゃ」というファンの方が少なくて。それを私たちも自覚して媚を売ることをしなくなったんです。

——ライブアイドルの場合はチェキの売り上げで収入も変わってくるので、〝釣り〟も必要になってくるのかもしれません。

「チェキの売上げでバックがもらえるから」と過剰に過激になっていく部分はあるのかなと思います。でも、私たちは給料制だったので、物販がどれだけ売れても直接プラスになることはなかったんです。私たちはCDだってひとり1枚でいいと思ってましたから。同じCDが何枚あっても聴くのは1枚でいいじゃないですか。

――CDが積まれることになるAKB48グループの選抜総選挙はどう見てました?

大変だろうけど、その分、彼女たちの報酬に跳ね返っていたらいいなと思ってました。バニビの場合は、相方がお金持ちだったことで、私だけ「給料を上げてください」とも言えなかったけど。2人組のいいところであり、悪いところでもあるんですけど、どちらかが頭ひとつでも抜けることがよくないと思ってしまうんですよ。

――例えば10人組のアイドルだったら飛びぬけた子がグループを引っ張るというパターンもあると思います。

2人組の場合はどちらかが飛び抜けるのは違うのかなって。2人組のアイドルは難しいと思います。最近のWHY@DOLLちゃんを見てても感じます。はるなちゃんはグイッといきたいんだろうけど、マイペースなちはるんを尊重したいだろうから難しいのかなって。WHY@DOLLちゃんからは相談に乗ったこともあるんです。2人組の悩みならアドバイスできるので。

Winkさんみたいにパッと売ってすぐに引くならいいと思うけど、ジワジワ売ろうとするといろいろ出てきますから。他のグループのように5角形や6角形じゃなくて、2人だと向かい合ってしまうんですよ。

――『MUSIC JAPAN』の「アイドル大集合」にもバニラビーンズは出てましたよね。

当時、私たちみたいな2人組アイドルが活動できる場所は少なかったんですけど、アイラミツキちゃんやSaori@destinyちゃんと地下アイドルのイベントに出させてもらうことはあって。その中でピックアップされたのが私たちだったんです。Perfumeさんと同じ徳間ジャパンだから出ることができた部分もあったと思います。事務所には売り込むノウハウもなかったので。

――『MJ』から最初の『TIF』で、ももいろクローバーZが一気に上がっていく瞬間を近くで見ていたんじゃないでしょうか。

TIFでは出番が近かったのでステージ横の階段から見ていたんですけど、お客さんの吸い込まれ方が全然違いました。ももクロさんは「いま、会えるアイドル～」という自己紹介をアイドルにもきっちりするんだけど、決して他のグループと馴れ合うことがなかったんです。自分たちの見せ方がわかってて、プロ意識が徹底しているなと思いました。

――好きなアイドルには東京女子流を挙げることが多かったですよね。

自分がアイドルになってからは「アイドル好き」を控えていたんですけど、『MJ』でまだ何色にも染まっていない女子流に惹かれてしまったんです。女子流のプロジェクトを立ち上げた佐竹さんはそれまで東方神起をやってきたけど、女の子グループはどうしたらいいんだろうという戸惑いはあったと思うんです。でも、それがよかった。とくにひーちゃん（新井ひとみ）に出会った時は衝撃でした。幼い子が歌って踊ってるのを観て心が痛くなることもあるけど、ひーちゃんにはステージに立つべくして立っている芯を感じることができたんです。

――新井ひとみさんは個人として、もっと世間に届くべきだと思ってます。

グループにいる間は爆発的に売れることって難しいんでしょうね。川栄ちゃん（元AKB48）を見てもそうじゃないですか。女の子ってグループのためなら頑張ろうと力を出せるんですよ。でも、自分で自分を売り出すのはちょっとむず痒いところがあって。ももクロちゃんだって「グループとして上がっていこう」という意識があったから売れたと思うんです。

――バニビはアイドルから愛されてもいましたよね。

愛されていたというより、嫌われてなかったんじゃないかと思います（笑）。

――そうでしたか（笑）。まぁ、種類が違うからライバル視されることはなかったし。

そうなんですよ。私たちもライバル視することはなかったですし。

——バニラビーンズとして「売れたい」と思ってました？

思ってました。Perfumeさんのライブを初めて観たのが下北沢にあるキャパ２００人のMOSAiCで。女の子ファン限定のライブだったんですよ（08年2月22日）。その後、リキッドルーム、Zepp、武道館と会場が大きくなって。２０１０年（11月）には東京ドームのステージに上がってたんです。そんな影響もあって、私たちも東京ドームは無理でもZeppまではいけるだろうと思ってました。

ただ、アイドル戦国時代が進んでグループが増えたことで、ファンの方もいろんなグループに分散するし、大所帯のグループのほうが相対的にファンは多くなるだろうと考えて、バニビとして大きい箱でのライブは諦めるようになりました。

——分岐点はどこだったと思いますか？

徳間ジャパンからT-Palette Records（タワーレコード内に設立されたアイドル専門のレコードレーベル）に移籍して。T-Paletteの第1弾が私たちで、第2弾がNegiccoさんでした。当時はよく2組でイベントを回らせていただいて。最初は2組とも声入りの曲に被せて歌っていたんですけど、ライブを重ねるうちにNegiccoさんは生歌にシフトチェンジしたんです。

Negiccoさんの運営に柔軟性があったからできたことだと思います。でも、私たちは

レナ——取材日／2019年6月5日

良くも悪くもコンセプトがブレなかった。ここがひとつの別れ道だったのかもしれません。試練を与えたNegiccoさんはアーティストとしての力がついていったじゃないですか。

――生活面で苦しかった時期はありましたか?

私たちはデビューしてからずっとお給料が変わらなかったんです。活動の前半はバイトもしてました。中盤からは営業が入って基本給にプラスアルファされることもあったので、苦しいながらもアイドルだけで生活できて。後半はテレビ番組のレギュラーがあったので、普通のＯＬくらいの給料はもらってました。

――２０１５年秋にはT-Paletteからエイベックスに移籍しました。

T-Palette時代のライブで「レーベルの人が観に来てるから」と言われて、結局、返事がなかったこともありました。そんな時に手を差し伸べてくれたのが、すでに女子流のスタッフから外れていた佐竹さんだったんです。バニラビーンズはいろんな人に紡いでもらった「つぎはぎだらけのアイドル」だったと思います。

――エイベックス時代は、シングルとアルバムを合わせて出荷枚数１万５０００枚を超えないと解散というノルマが課せられて物議を醸しました。

エイベックスではなく、事務所のアイデアだったんです。最初に聞いた時はめちゃくちゃ怒って「シングルが何枚売れているか知ってます？」と言いましたよ。シングルの平均売上が3,000枚で、それも特典会で積んだうえの数字ですからね。それがアルバムと合わせたとはいえ1万５０００枚って「解散しろ」と言われているようなものじゃないですか。

ただ、相方に「達成できないと思う」と話した時、「でも、決まったんだからやるしかないよね」と返されたんです。それが、普段通りの言葉なのになぜか刺さって。「相方がそう思っているなら」と心を無にして取り組むことにしたんです。その時の特典会はエグかったです。ひとり１００枚で相方とランニングできる権とか、私と浅草花やしきで遊べる権とか、シングル何枚で1分電話できるとか。

——そういったことを今までやってこなかったから。

申し訳ない気持ちしかなかったです。電話している時間や花やしきにいる間はノルマのことを考えず、「今を楽しもう」という精神でやっていくしかなかった。あの半年くらいは生きてる心地がしなかったです。

あの時をきっかけに離れたファンはだいぶいるんですよ。ライブの集客もガクッと落ちましたから。久しぶりに有料のライブをしたら、「普段の3分の1くらいしかチケットが売れてません」と言われたんです。愕然としてTwitterで事実をつぶやいたけど、チケットは動かなくて。結果的に空回りになってしまいました。

――3年後に行われた単独での解散ライブ（18年10月6日・渋谷duo MUSIC EXCHANGE）はソールドアウトだったわけで。

思わず「みんなどこにいたの？」と聞きました（笑）。人間って失ってから価値に気づくといいますか、そのようなことはデビュー当時からちょこちょこ言ってたんですけどね。『チョコミントフレーバータイム』以降、レコーディングのたびに「これが最後かも」と思ってましたから。1社目の経験があるから、2社目だっていつ切られてもおかしくないと思っていたんです。

――解散は事務所の判断だったんですよね。

そうです。広告代理店という本業もあるなかで、10年は頑張ろうというのがあったんですけど、その結果が「正直、次に何をすればいいのかわからない」ということでした。18年の6月下旬に言われたんですけど、一旦持ち帰らせてもらって。その後、解散時期を伸ばすことはできないのか、と話し合いを重ねました。2人で事務所を移籍してバニラビーンズを残す道も探ろうと思ったんですけど、相方の意思を確認したら「移籍は考えてない」と言われて。

――リサさんはこの区切りで終わらせたいと。

タイミング的にも良かったんでしょうね。「私ひとりでもバニラビーンズのレナとして歌を続けさせてもらえないか」と社長に話したんですけど、それはできないと。やるとしたら、まったく違う若い2人をバニラビーンズのコンセプトにはめこむと。結局、フラワーレーベルのプロジェクトを終了させることになったんです。

——なぜバニビを続けたかったんでしょうか。

バニラビーンズは自分のものでもないし、誰のものでもないけど、待っている人がいる限りは続けたいというか。この先もずっとゆるく続けていきたかったし、そうなるんだろうなと思っていたんです。ただ、大人たちは賞味期限切れだと思っていたんだなって。解散発表時の「バニラビーンズを守りきれませんでした」というコメントに、私の気持ちがすべて詰まってます。

——最後の単独ライブ（10月6日）ではアンコールがなかったし、泣かせるようなスピーチをするわけでもなく。でも、それがバニビらしかったと思いました。

最後に流れた映像を脇から見て泣いたけど、まだ明日（バニラビーンズに感謝祭）もあるという気持ちもあって、ステージ上では涙を見せたくなかったんです。そこがお客さんの心を掴めなかったところかもしれません。ステージ上で心を開けなかった。そんな感情を見せないアイドルについてきてくれたファンの方たちには感謝してます。

——バニラビーンズをやってきて楽しかったことは？

もちろん普通のライブも好きでしたけど、ショッピングモールでのライブが楽しかったんです。開放感のある空間で、私たちを知らない人たちも集まってくれる。車イスに乗ったおばあちゃんが手を叩いてくれる光景を見ると「音楽の力ってすごいな」と思えるんです。

――バニビと同じ時期にPASSPO☆やベイビーレイズといった近いキャリアのグループが解散しました

PASSPO☆やベイビーレイズの曲が歌われなくなる、という悲しさはありました。でも、あの子たちは25歳前後だから解散してからも別の形でデビューできると思うんです。まだ歌いたかったら別のグループだって入れるはず。明るい未来があると思います。

――自分自身の再出発は大変だろうと。

20代を全部アイドルに費やしてしまったので、「次のキャリアって…」とは思いました。例えば1歳下の（遠藤）舞ちゃんは現在ボイストレーナーとして頑張ってるけど、この年齢になって芸能界で新たな道を探ろうという子はいないので。

――古舘プロジェクトに入ったので「しゃべりの仕事」を中心にやっていこうと考えているんですか？

「しゃべりの仕事」もしたいなと思いつつ、10年間走り続けてきたので、いまはゆっくり探していきたいです。生き急ぐことなく、着実に進んでいきたいなと。

――アイドルに関わる仕事も続けていきたいですか？

そうですね。何に関わることができるんだろうと考えながら。今もアイドルのライブのＭＣをさせていただくことがあるんですけど、すでに「去年デビューしたのでバニラビーンズさんのことは知らないんですけど…」というアイドルの子もいて。

——時間の流れは早いですね。

ただ、どっぷりアイドルに関わる仕事というよりは、ショッピングモールで知らない誰かを楽しませていた自分を広げるような仕事のほうが合っているのかなと思ってます。

10年間付き合ってきたから「バニラビーンズのレナ」のことはよくわかるけど、個人としての「レナ」がどういう人間なのか理解することからはじめなきゃいけない。自分を探しつつ、今までの経験を活かした仕事ができたらなと思います。

「いまの感情でトマパイをやっていたら、
もうちょっと違ったのかなと感じることもあります」

小池唯（Tomato n' Pine／2009～2012年在籍）

掲載のあてがないまま取材した〝戦わないアイドル〟

ももクロやスマイレージといった「攻め」の姿勢を見せるアイドルグループがアイドル戦国時代を引っ張ったが、そのなかで異色の存在感を見せていたのがTomato n' Pine（以下、トマパイ）だった。

トマパイは小池唯さんと奏木純さんによって09年4月に結成された。楽曲の良さから一部で注目されていたが、すぐに奏木さんが脱退。草野日菜子さん、和田えりかさんを加えたシーズン２が始動する。

10年5月15日、２人組時代を生で観られなかった後悔から、僕はシーズン２のお披露目イベントに足を運んだ。キャパ２００人のライブハウス「月見ル君想フ」で、お客さんの「温かく見守ろう」という空気の中、3曲だけ歌った新生トマパイの3人にバランスの良さを感じて、すぐに取材を申し込んだ。

トマパイは「戦わないアイドル」を標榜し、音楽通を唸らせる楽曲とゆるすぎるMCで、アイドルファンからの喝采を集めるようになった。「西麻布eleven」で開催された定期イベント「POP SONG 2 U」の初回を観に行くと、２回目以降はツイッターのDMでプロデューサーのジェーン・スーさんから招待をいただけるようになった。「継続して見続けるライターがいてほしい」と思っていたようだ。

トマパイのライブの良さを伝えたいと、掲載誌が決まっていない状態でカメラマンを発注して、媒体を探したこともあった（『月刊エンタメ』12年8月号に掲載）。その後もライブに招待されたが、派手な展開をしていないからか、ライブレポートを掲載してもらうことは難しかった。

申し訳なさもあって「POP SONG 2 U」に差し入れを持っていくと、ジェーン・スーさんはフロアにいる僕を探して、トマパイが毎月発行している雑誌『TOMAG』のバックナンバーを渡してくれた。この気遣いこそ、ジェーン・スーさんが「売れた」理由のひとつなのだろう。

12年12月に惜しまれながらトマパイは散開。僕は『TopYell』13年3月号のライブレポートに「遠くまで旅するガールズに、僕らはあふれる幸せを祈った」と書いた。

――小池さんは15歳から芸能活動を始めたそうですが、きっかけはあったのでしょうか？

お正月に大宮にあるひいおばあちゃんの家に集まった時、駅の構内で「雑誌モデルをしないか」と声をかけられたんですけど、モデルをやっていたハトコから「だったらウチの事務所に入ったら」と言われたんです。迷ったけど、人見知りが克服できるかもしれないし、マイナスになることはないのかなって。

――それまで芸能界には興味がなかったんですか？

モーニング娘。さんが好きで興味はあったんですけど、恥ずかしくて自分からは言えなかったんです。中学校でも、あまり目立たないように行動してました。女の先輩が怖くて。廊下で一度通り過ぎたと思ったら顔を見に戻ってきたりするから、なるべく下を向いて歩いていたんです（笑）。

――ミスマガジン２００８でセミファイナリスト（ベスト16）から選ばれた特別賞であるGyaO賞を獲得してグラビアの仕事が増えますが、撮られることに抵抗感はなかったですか？

フレッシュなイメージで撮られることも多かったし、カメラマンの方も編集の方も私が笑顔になるように楽しませてくれたので、「嫌だな」と思うことはなかったです。美味しそうなご飯が目の前にあっても「お腹が出ちゃうかも」と、気にして食べられなかったのは残念だったけど（笑）。

――そして、同じミスマガジンに選ばれた奏木純さんとTomato n' Pineを結成します。

高校1年生のクラスで、私の前の席にいたのが奏木純だったんです。最初はプリントを渡す時に「どうも」と話すくらいだったのが、自然と一緒に行動するようになっていて。誕生日を聞いたら同じ4月4日だし、気づいたら親友になってました。一緒にいるうちに外見も似てきたみたいで、「双子？」と言われることもあったんです。

2人ともミスマガジンのセミファイナリストまで残って。現場では緊張するからいつも一緒にいたら、『ヤングマガジン』の編集の方が「仲がいいなら」と誌面で2人のカットを使ってくれたんです。その流れで、当時の事務所が音楽会社の系列だったこともあり、他のアイドルと差をつけるためにデュオで歌ってみようとなったんです。

――事務所からトマパイの方向性は聞かされましたか？

「ガツガツせず、ゆるーい感じで」とは言われました。2人とも歌やダンスを経験してきたわけじゃないし、できないことがわかっているから無理をしなくていいって。

――「70年代のピンクレディー、80年代のWink、90年代のPUFFY、00年代はトマパイ」と言われたそうですが。

言われました。とくにWinkさんのイメージだって。かといって、「こうしてほしい」と細かく言われることはなくて、割と自由だったので素でやってました。ただ、最初に話を聞いた時は「楽しそ〜」と思ったけど、実際にやってみると想像と違ったんです。他のアイドルの方たちを見るとパキパキ踊っているのに、トマパイのダンスはゆるくて。でも、能力的に激しいダンスはできない。その差に恥ずかしさを感じていたんです。

――その「照れ」がいいという声もあったと思います。

そうなんですか？　いまだったら「まわりとの差を出す意味だった」と理解できるんですけど、当時はそこまで考えられなかったので、グループのイメージに対して葛藤がありました。

――奏木さんとのトマパイはインストアイベントを数回やっただけなんですよね。

彼女とは親友だったんですけど、仕事でもずーっと一緒にいるうちにギスギスした関係になってしまったんです。ファンの方も2人だとわかりやすく分かれてしまうじゃないですか。年齢的にそんなことも気になって、心のなかでライバルみたいな感情が生まれたんです。お互い、負けず嫌いで頑固だったので。

――そこも似ていたと。

そうなんです。仲がいい時は、私が他の子と話しているだけで嫉妬されたくらいなのに。2人の仲の良さをジェーン・スーさんが歌詞にしてくれた『Unison』という曲は、私たちの青春が描かれているようで好きでした。

――結局、奏木さんが事務所を辞めたことで終わってしまいました。

そうですね。彼女とは気まずい時期もあったんですけど、和解して連絡を取り合うようになりました。いまは結婚してお子さんも生まれたので、少し前に「(子供に)会いたい」と連絡をしたところです。

——シーズン2が始まる話はどういう形で聞いたんですか?

事務所の方からご飯屋さんに呼び出されて、そこに2人の女の子(草野日菜子、和田えりか)が来て、「この3人でやります」と言われた記憶があります。

——小池さんの「やる」「やらない」という意志は……。

なかったですね。「え? やるんですか?」って(笑)。すでに「お芝居をやりたい」と思っていたので、またトマパイを始めることに複雑な気持ちがありました。それに、アイドルをやる子には気が強いイメージがあって、前回とは違う意味で人間関係が難しそうだなという不安もありました。実際はそんなことはなかったんですけど。

——シーズン2が動き出した頃から、ＡＫＢ48とハロプロ以外のアイドルグループがいくつも生まれて。

アイドル戦国時代と言われてましたよね。

——そのなかで、トマパイには「戦わないアイドル」というキャッチコピーがつきました。

スタッフの方からは「アイドルアイドルしなくていいから」と言われてました。ガッツリしたアイドルは向いていないと自覚していたので、そこはありがたかったです。3人で「アイドルらしいキャッチフレーズを考えようか」と話したこともあるんですけど、結局、「シラけそうだからやめよう」となりましたから（笑）。

――アイドル戦国時代で、他のアイドルとの対バンライブも増えたと思います。

対バンライブでは、楽屋の端っこのほうに3人で小さくなっていました。歌もダンスも上手くて、楽屋でも一生懸命練習しているアイドルの方たちの熱意を感じて、「申し訳ない」という気持ちが強かったんです。私は「アイドルで売れてやる！」という意識があまりなかったので。だから、まわりのアイドルからの視線も気になりました。「あの子たち、なんなの？」と思われているんじゃないかって。

――他のアイドルのファンからの視線は気になりました？

トマパイってコールやオタ芸ができるような曲がないので、対バンしているグループによってはノリが全然違うんですよ。私たちから煽ることもなかったので、変な空気になることもあって。そんな時は「盛り下げて申し訳ない」と思ってました。まぁ、お目当てのグループの出番になれば、その方たちは勝手に盛り上がったんですけど（笑）。トマパイのライブは「休憩時間」という感覚だったのかもしれないですね。

――そんなことはないと思いますよ（笑）。当時、T－Fや『アイドルちん』（日本テレビ）

などで、ももいろクローバーZとの共演も多かったと思います。

ももクロさんは1台の車に5人でぎゅうぎゅうに乗って地方を回ったり、大変な苦労をされていると聞いていたし、ライブになると歌もダンスもクオリティが高いので圧倒されました。私たちは1歩引いて見ながら、「あれくらいやらなきゃ売れないんだな」と思いましたね。私たちなんて、最初は「言われているからやる」という姿勢でしたから。

ただ、私たちも欲は出てきて、「もっと激しいダンスを踊りたい」とスタッフの方に言ったんですけど、聞き入れてもらえなくて。グループのカラーに合ってないし、そもそもカッコよく踊れないから当然なんですけど、当時は不満で、嫌なことは嫌とハッキリ言ってました。「はいはい」とあしらわれて終わるんですけど（笑）。

ファンの方は他のアイドルと差別化された曲や振りが好きだったと思うので、いまはスタッフの方たちが正しかったことが理解できるし、いまの感情でトマパイをやっていたら、もうちょっと違ったのかなと感じることもあります。

——トマパイは西麻布elevenで行われた月1回の定期ライブが活動の軸になっていきます。

対バンだと他のアイドルの方に申し訳なくなってしまうし、インストアライブは私たちのことを知らない人たちもいるので緊張しちゃうんです。でも、elevenは自分たちのテリトリーという感覚で、思いっきりパフォーマンスできました。

　自分たちのファンしかいないelevenの空間が好きでした。何かやったら必ず反応が返ってくるし、失敗しても見守ってくれる温かい方たちばかりだったので、3人とも素で楽しむことができたんです。私はライブが終わると、お客さんに混じってお酒を飲んでいたんですけど、みんな微笑ましく見てくれたのもうれしかった。

――中野サンプラザでやって、日本武道館でやって……といった大きな会場でライブをしたい気持ちはありましたか？

　それはなかったですね。もうちょっと大きいクラブでやったら楽しそうだなと思ったことはあるけど、やっぱりelvenがちょうどよかったかな。あのクラブ、もうなくなったんですよね（13年5月に閉店）。トマパイ散開後、音楽が好きな友達が「クラブに行く」というのでついていったら、「あ、ここ知ってる！」ということがあったんです。スタッフの方たちに歓迎されてお酒をサービスしてもらいました（笑）。

――トマパイはelevenのスタッフに愛されていたんですね。

　でも、事務所の方は大変だったと思います。私が遅れてきた反抗期というか、指示されなきゃ動けないのに、指示されると反発していたので。「清純派」という売り出し方で、髪を染めるのもピアスを空けるのも遊びに行くのもダメで、それが不満だったんです。トマパイの活動に対しても「お芝居をやりたいのに！」と反発してました。いまは本当に申し訳なかったと思ってます。

――当時は生活も管理されていたんですか？

マネージャーの家の前に住んでいたので、夜中に遊びに行こうとしても部屋の照明でバレちゃうんですよ。『海賊戦隊ゴーカイジャー』の撮影終わりで、仲のいい友達の家に泊まろうと向かっていたらマネージャーから電話がきて「いますぐ戻ってきなさい！」と怒られたこともあります。「なんでそんなこと言われなきゃいけないんですか！」と反抗したけど、渋々自宅に帰って深夜3時まで怒られました。マネージャーとしては親から大事な娘を預かっているので、ことさら厳しくしていたんでしょうね。

――トマパイはagehaspringsがプロデュースする楽曲が高い評価を受けていました。小池さんはどう感じていましたか？

「懐かしい」というファンの方が多かったので「そうなのかぁ」と思っていたくらいで、よく分かっていなかったんです。個人的には『なないろ☆ナミダ』が好きでした。

――『ミュージック・マガジン』が『PS4U』を2012年度J-POP部門のベストアルバムに選んだり、『第1回アイドル楽曲大賞2012』で『ワナダンス！』が1位になりましたが、当時、小池さんの耳にそういったニュースは届いていました？

いや、この取材で知ったくらいで。もしかしたらスタッフの方が教えてくれたのかもしれないけど、それがどのくらいすごいことなのかわかってなかったんでしょうね。

——いまもクリスマスシーズンになるとSNSで『ジングルガール上位時代』というワードを散見します。

それも知らなかったです（笑）。『ジングルガール上位時代』は自分たちのイベントで歌うのは楽しかったけど、セリフがあるから他のイベントでは気まずさがありましたね。

——『ジングルガール上位時代』のセリフは、自分たちの考えたワードが活かされていたんですよね。

そうでした。作詞のジェーン・スーさんは、私たちのちょっとした会話をトマパイに活かしてくれるので、自分たちも楽曲に参加した気持ちになれたんです。

——ジェーン・スーさんはどんな存在でした？

グループのお母さん的な存在でした。「こうしたほうがいいよ」とハッキリ言ってくれるし、甘やかせてくれることもあって。ただ、こうと決めたら私たちが何を言っても譲ってくれない頑固なところもありました。私たちは『FAB』があまり好きじゃなくて（笑）。

——そうでしたか（笑）。80年代ユーロビートを彷彿とさせるとファンの間でも人気の曲だったと思います。

大人の方には「懐かしさ」があったのかもしれないけど、私たちにはエアロビクスっぽい振り付けがしっくりこなくて。あるライブで「セットリストを変えてほしい」と言ったんですけど、ジェーンさんは一切揺るがなかったですね。

——ジェーン・スーさんは、TBSラジオの帯番組でパーソナリティを務めたり、著書がヒットするなど、現在は表舞台で活躍しています。

トマパイ散開後、テレビに出ていることを知って「出る側なんだ！」と驚いたことを覚えてます。トマパイの時からジェーンさんはファンの方の間で有名な存在だったし、お話が面白くて好きでした。いま会ったらなんて言われるんだろう。

——ジェーンさんと連絡は取ってないんですか？

当時から連絡先を知らないんですよ。

——小池さんは『海賊戦隊ゴーカイジャー』（11年2月〜12年2月）のゴーカイピンク（アイム・ド・ファミーユ）に選ばれます。前々作の『侍戦隊シンケンジャー』でも最終審査まで進んでいたんですよね。

その頃はいくつものオーディションを受けていたので、ひとつひとつの結果に落ち込まないようにしていたんですけど、『シンケンジャー』はそうじゃなくて。最終審査まで進んで、私とすーちゃん（森田涼花）で悩んでいることがわかっていたんです。結果を知って、目の前にあったチャンスを掴めなかった悔しさをしばらく引きずりました。

『ゴーカイジャー』のオーディションでも最終まで行った時に「もうあんな思いはしたくない」と思って。ただ、すでに決まっていた真央ちゃん（市道真央）がイエローとピンクのどちらをやるのかによって、私が決まることになっていたんです。もし真央ちゃんがピンクだったら私は選ばれていなかったので、ゴーカイピンクになれたのは運が重なった部分もあったのかなと思います。

――戦隊シリーズの現場は厳しいと聞きます。

おじいちゃんのカメラマンさんがめちゃくちゃ厳しい方で、戦隊シリーズに入った俳優はみんな洗礼を受けるんです。とくにゴーカイレッドの小澤（亮太）くんが集中砲火を浴びて、カメラマンさんの怒号が飛ぶなか、何度も同じシーンを撮り直されていました。私たちは自分のシーンが終わっても、ＪＡＣさんのアクションシーンを観ていたんです。スーツアクターの方と一心同体にならないといい作品にならないので。

1年という長い期間にわたってひとつの役を演じたことが初めてだったので、『ゴーカイジャー』で「現場」を知ることができました。戦隊シリーズという特性上、普通はできないことも経験できてありがたかったです。

――戦隊のメンバーとは仲良くなりましたか？

仲が良すぎて、まわりを困らせるくらいでした（笑）。撮影が終わってメイクを落としたら、なんとなく廊下にあるベンチに集まってゲームをしたり、ご飯に行ったり、常にみんなと一緒にいたんです。

——過酷な環境に置かれているからこそ関係が深まったんでしょうね。

あの1年間は、家族よりも会っている時間が長くて、一緒にいて当たり前の存在になっていたんです。

——小池さんが『ゴーカイジャー』に出ていた時期、トマパイとしての活動を並行させるのは大変だったと思います。

あの時期は人生で一番忙しくて、とにかく寝ることができなかったんです。1日2時間の睡眠も当たり前でした。例えば、『ゴーカイジャー』の撮影が夜12時くらいまであって、そのまま車で仙台に向かって、ほとんど寝ないで朝からリハーサルして、ライブが終わったら東京に戻って……。そんな生活が続いていたのでおかしくなりそうでした（笑）。『ゴーカイジャー』のスケジュールがフィックスしてないとトマパイの仕事を入れられなかったので、日菜ちゃんと和田には申し訳なかったです。

——『ゴーカイジャー』で、より演技の仕事をしたい気持ちは強くなりましたか？

強くなりました。演技の道に進みたいという欲が出てきたんですけど、『ゴーカイジャー』が終わるとトマパイの仕事が優先されてしまい、ライブがあるとドラマの仕事を入れられないし、オーディションも受けられないので、「お芝居の仕事がしたいのに……」というジレンマを感じていました。

――アイドルグループで知名度を上げて、卒業後、本格的に女優に転身する方も多いですが、そういう考えはなかったですか？

そこはハッキリと分けて考えていたんです。アイドルはアイドル、女優は女優って。

――先ほどもおっしゃっていましたが、「トマパイで売れたい」という気持ちはあまりなかったんですね。

そこまではなかったと思います。ただ、トマパイの活動が楽しかったのは本当で。売れて環境が変わるより、ずっとクラブでライブをしていたいという気持ちがあったんです。それに、売れたらメンバーとの関係も変わりそうじゃないですか。日菜ちゃんは控えめで和田は人懐っこいから、どうしても和田と一緒にいることが多くて。「日菜ちゃんは思うところがあるんだろうな」とずっと気にしていたんです。

――小池さんはバランスを取ろうと思っていたんですね。

１回、「キツいことでも言いたいことは言い合おう」とジェーンさんも加えたミーティングが開かれたんです。あのミーティングはやっておいてよかったと思います。

――結局、トマパイは２０１２年内に散開することになりましたが、和田さんが事務所との契約を終了したことが直接の理由だったんですか？

それが一番大きかったと思うんですけど、他にもいろんな問題が立て続けに起きていて。私もトマパイしか仕事をしていない状態だったので、「環境を変えたい」と事務所に話していましたし、信頼していたマネージャーさんがいなくなるタイミングでもあって、いろんなことが重なった結果だと思います。
ジェーンさんに「どうしたい？」と聞かれて、「みんながやりたい状態なら、続ける道を模索したほうがいいけど、みんなの気持ちが他に向いているなら、無理する必要はないのかなと思います」と答えた記憶があります。無理して続けてもファンの方も気がつくし、自分たちも苦しむだけだから。

——最後のライブも西麻布elevenで行われました。

後悔なく出し尽くすことができたので、最後に「ホーム」でライブができてよかったです。ステージからジェーンさんをはじめとしたスタッフさんが見えてジーンとしたことを覚えてます。

——散開してからはドラマや舞台で活躍していましたが、２０１５年以降、芸能界からフェードアウトしていきました。

事務所との関係が上手くいかないこともあって、いままでアルバイトもしたことがなかったし、普通の仕事をしてみようと思ったんです。普通の仕事をしながら、声をかけていただいた時は芸能のお仕事もさせていただく、というスタンスでした。

——その5年間は、事務職や居酒屋の店員をされていたんですよね。

はい、良い経験をさせていただきました。

――そこで気づいたことはありましたか？

普通の仕事の大変さを知りましたし、その一方で、離れてみて芸能の仕事の魅力にも気づきました。ずっと芸能の仕事をしていた時はくすんでいたというか、本当に楽しいのかわからなくなって「もう辞めたい」と思うようになっていたのです。

――でも、引退はしなかったんですよね。

当時は引退する感覚だったけど、それを言う場所もなかったんです。ただ、以前一緒に仕事をしていた方から「このままでいいの？」「もったいないよ」と言われるたびに考えたし、同級生がテレビに出ていると思うこともあったし、ドラマを観ながら「私だったらどう演じようかな」と想像したし、結局、やりきってなかったんだなって。アイドルは後悔なく終えられたけど、演技の仕事には後悔があったんです。すごく悩んだけど、20代最後だし、やらない後悔よりやる後悔のほうがいいと思って復帰することにしました。

――復帰して、ファンの方からの反応はどうでしたか？

友達からは連絡があったけど、ファンの方の反応はわからなくて。トマパイの時もそうなんですけど、エゴサーチをしたことがないんです。やり方がわからなくて（笑）。だから、まわりからどんな印象を持たれているのか、どんな評価を受けているのか知らないんです。

――耐性がないので、批判的な意見を目にしたらどうなるんでしょうね。

その怖さはありますよね。事務所の確認が必要なファンレターを直で受け取ってしまったことがあって。封を開けたら「殺してやる」「死ね」といった文字がズラーッと並んでいたんです。あの時はゾッとしました。こういう手紙がくるから事務所の方が確認するんだなって。それまでは「すぐ渡してよ」と思ってましたから。

――一般の仕事をしている間、アイドルは観ていましたか？

欅坂46（現・櫻坂46）さんを観た時は惹かれるものがありました。やっていることは違うけど、「アイドルらしくない」と言われていることにシンパシーを感じたのと同時に、「成立するのかな」という興味もあったんです。

――最後に、今後やっていきたいことを教えてください。

やっぱりお芝居をしたいです。ブランクがあるので感覚を取り戻しつつ、普通のお仕事をやってきた経験が活きたらいいなと思います。

「いま思えばそんな決まりは気にせずに話せばよかった、5人で話せばよかったんですよね」

高橋麻里（Dorothy Little Happy／2010～2018年在籍）

物語を背負ったローカルアイドルを追って

11年頃から東京以外の道府県を拠点とした地方アイドルの存在が業界を賑わせるようになった。その先駆けとなったのが、仙台の事務所ステップワンに所属するDorothy Little Happy（以下、ドロシー）だ。10年7月に結成されると、彼女たちは週に3回、6時間のレッスンを自主的に続けた。しかし、11年3月16日にメジャーデビューするはずが、東日本大震災の影響でデビューイベントが中止になり、ＣＤの流通が遅れるなど、不運に見舞われてしまう。

だが、ドロシーの5人は逆境をバネにしてブレイクする。ＴＩＦ2011（8月27日、28日）で想いがこもったパフォーマンスをすると、観ている者たちを魅了した。その評判はツイッターでリアルタイムで拡散され、ドロシーのステージにはお客さんがみるみる増えていく。僕もそのひとりで、タイムテーブルを見てドロシーが出るステージを探した。

11年10月23日に渋谷でドロシーのライブがあるということでチケットを取っていたが、急遽取材が決まり、開演前に会場内でインタビューすることになった。ＴＩＦについて話を振ると「ドロシーらしくライブをして、ドロシーに恋をしてほしいなと思った」（『TopYell』２０１１年12月号）と語ってくれ、彼女たちが紡ぎ出す言葉はパフォーマンスと同様に「ひたむき」で「真摯」だった。

翌月には、福岡のLinQや愛媛のひめキュンフルーツ缶、愛知のしず風＆絆～KIZUNA～を取材することになり、地方アイドルの勢いを感じた。特に、福岡の劇場で毎公演２００人を動員していたLinQは楽曲含めてメジャー感があり、アイドル横丁祭りなどの対バンイベントに出るたびにファンを増やしていた。LinQのために福岡に移住したファンもいたという。

14年8月には、仙台で行なわれたステップワン・ショーケースを観に行った。ステップワン所属のグループが続々と登場したが、トリでパフォーマンスしたドロシーはもはや神々しさを感じるほどだった。

ドロシーは「これから」のように思えたが、15年7月に行なわれた中野サンプラザの公演をもって、秋元瑠海さん、富永美杜さん、早坂香美さんがグループを卒業（callmeを結成）。ドロシーは髙橋麻里さんと白戸佳奈さんの２人で続けることになった。

しかし、このステージで卒業の経緯をめぐって口論になってしまう。白戸さんが「ドロシーは5人でやっていきたかった」と話すと、秋元さんが「じゃあ、なんで『バラバラになっていい』って言ったんですか⁉」と問い詰めたのだ。僕はコミュニケーション不足による行き違いのように感じた。

その時、「こんな話をファンの皆さんの前でするべきじゃない。私はアイドルだから、こんな姿を絶対に見せてはいけない」と口論を収めたのが高橋さんだった。

僕は3日前にチケットを取って最後列でライブを観覧していたが、ライブが終わっても心のざわつきは収まらなかった。終演後、会場で観ていた知人のイラストレーターに連絡して中華料理屋で語り合ったことを覚えている。

――高橋さんは小さい頃から歌うことが好きだったんですか？

好きでしたねぇ。両親の影響でアイドルが好きになったんです。3歳の時、モーニング娘。さんのライブをお父さんに肩車してもらって観た思い出があります。『ザ・ピース！』の頃だったかな。小学4年生の時に松浦亜弥さんが好きになって、仙台サンプラザで観たライブがきっかけで「自分もアイドルになりたい」と思いはじめたんです。

――松浦亜弥さんは歌が上手いですよね。

そこは重要だったと思います。「歌が上手くて、踊れて、かわいくて、いつも元気」という自分が目指すアイドル像が形成されました。

――11歳で仙台にあるモデル・タレント事務所のステップワンに入ります。

仙台のローカル紙に「キッズモデル募集」と載った広告がきっかけです。歌やダンスのレッスンも受けられると知って応募しました。

――宮城県民にとってステップワンは有名な事務所だったんでしょうか？

当時はいまほどアイドル文化が浸透していなくて。私が言うのもなんですけど、ドロシーができてから知られるようになったと思います（笑）。

――アイドルを輩出している事務所としてアクターズスクール広島は意識していましたか？

Perfumeさんがローカルアイドルからブレイクしたことでめっちゃ意識してました。スタッフの方からPerfumeさんのライブ映像を観せてもらって「いいところは学びなさい」と言われたこともあります。

――高橋さんが入る時からステップワンはライブイベントを開催していたんですか？

すでに5つくらいのグループがあってライブをやっていました。私は歌もダンスもゼロの状態から入ったので、最初は底辺でユニットに選ばれることもなくて。レッスンのたびに自分がふがいなくていつも泣いてました。ちょっとずつ上手くなって「ライブに出たいな。ユニットに入りたい」と思うようになったんです。

――その結果、ユニットに入れたわけですよね。

1年後くらいB♭（ビーフラット）に入ったんですけど、私にとっては奇跡みたいなものでした。

――さらに、高校1年生でドロシーのメンバーに選ばれました。

その前に高校受験をきっかけに芸能界をやめようと思ったんです。受験勉強のためにお休みを1カ月いただいたんですけど、自分の時間が作れることがわかって「ここが区切りかな」と思いはじめたんです。事務所にその挨拶しにいくと「メジャーデビューできるグループを作る計画もあるからやめないでほしい」と言われたんです。少し悩みつつ続けることにしたら、ドロシーのメンバーに決まって。

——高１でやめなくてよかったですね。

はい。あの時の自分に感謝してます（笑）。そもそもドロシーに選ばれないと思ってましたから。逆に、他の４人は「選ばれるだろうな」というメンバーで、「私は見る目があるな」と思いました（笑）。

——２０１１年３月16日にミニアルバム『デモサヨナラ』でメジャーデビューすることが決まりましたが、東日本大震災によりリリースイベントが中止や延期になってしまいます。

震災が起きた当日はグループのことを考えられなかったというか、自分の生活のことでいっぱいいっぱいで。

——高橋さんの生活にはどんな影響がありましたか？

ガスも電気も止まっていたので避難所で１日過ごすことになって、普通の生活に戻るまで１週間くらいはかかりました。コンビニで買い物するにも５時間くらい並ばなきゃいけないので、震災前にファンの方から送っていただいた大量のブラックサンダーを食べて飢えをしのいだりしました。ＳＮＳでの発信も悩みました。明るいことを書いても良く思わない人がいるかもしれない。自分の言葉がどう伝わるんだろうと考えた時期でもありました。

――メンバーと再会できたのは……。

3週間後くらいでした。「早くファンの方に会いたい」と思いながらレッスンを再開しましたが、ドロシーの軸となるものがこの期間に生まれたと思います。あの経験がＴＩＦ（TOKYO IDOL FESTIVAL 2011／11年8月27日、28日）のパフォーマンスにつながったんです。

――そのＴＩＦでは、ステージを重ねるごとにお客さんが増えていきました。どんどん熱が上がっていく実感はありましたか？

あんなに目に見えてお客さんが増えて、強い視線を感じることは初めてでした。「この子たちは誰なんだろう」という目が『デモサヨナラ』を歌った瞬間に変わって、コールの音量も上がっていったんです。

――あの日は、ステージで震災のことを強調するわけでもなかったですよね。

震災から1カ月後に活動を再開して地元でチャリティーライブがあった時、被災地から応援しにきてくれた方に「元気が出ました」と言われたんです。大変な状況でも応援してくれる方がいることを体感して、「私たちが悲劇のヒロインになってもしょうがない。いまやるべきことは歌とダンスでみんなを元気づけることだ」と意識が変わったんです。

――ＴＩＦ後はライブの集客数が変わったと思います。

一気に増えましたね。ワンマンライブが初めてソールドアウトして、単純にうれしかったです。

――ドロシーは地に足がついたグループだったから、その後も人気を維持することができたんだと思います。

好きになってくださった方を後悔させたくないし、「ドロシーの輪をもっと広げたい」という想いが向上心につながったのかなと思います。

――ドロシーの5人は真面目でしたよね。

真面目でした（笑）。5人で話していてもプライベートの話がほとんど出なくて、仕事の話ばかりなんです。当時はそれが普通だったけど、いま思えばそれだけ真剣に仕事に向き合っていたんでしょうね。ある対バンライブで褒められたことがあったんです。「スタッフや他の出演者とすれ違った時に挨拶するアイドルは多いけど、掃除のおばさんにも立ち止まって挨拶しているアイドルは初めて見た」って。自分たちにとっては当たり前だと思っていたけど、見られているんだなと感じました。

――ドロシーとして対バンライブに出演することも多かったと思います。

自分たちの出番が終わっても、モニターや客席の後ろで他のグループのパフォーマンスを観させていただきました。ライブが終わった後も、その日の映像を観て「この曲のここがいいよね」とメンバーと話していたんです。ただ、人見知りを発揮して友達ができなかったんですよ。逆に、対バンしていたアイドルに後から「怖くて話しかけられなかった」と言われたこともあります。あの頃は「話しかけないでほしいオーラ」を出していたみたいです。@JAM主催の海外ライブが終わった後の打ち上げでも、「お疲れ様です」と言って黙々とご飯を食べてましたから。そういう時代だったんだと思います。

――「このグループはすごかった!」というと?

レーベルメイトの東京女子流さんは宮城出身の新井ひとみちゃんがいることもあって意識していたし、アプガさん(アップアップガールズ)はマネージャーさんが厳しくて「超体育会系じゃん!」と思いましたね(笑)。でんぱ組さんは、みなさん礼儀正しくて「いい人」たちなんですよ。大きなステージに行かれたので、「売れる人たちはちゃんとしているんだな」と感じました。

――でんぱ組はメンバーそれぞれの個性を強く打ち出してましたよね。

個性という面でドロシーはすごく悩んで、制作側とブツかることもありました。「もっと派手な曲があってもいいんじゃないか」「衣装に色を足したほうがいいんじゃないか」って。スタッフの方たちと話し合いを重ねて、自分たちで経験を積んで、ドロシーらしさに行きついたのが2ndアルバム『STARTING OVER』だったんです。楽曲、衣装、パフォーマンスで「ドロシーらしさ」が固まった時だったのかなと思います。

――BiSとコラボレーションしてシングル『GET YOU』をリリースしたこともあります。

最初は「大人って怖いなぁ」と思いました（笑）。「なんでそんなことするの⁉」って。アイドル界の端と端で交わることはないと思っていたし、失礼な話、しっかり曲を聴いたこともなかったので。あの樹海で裸になるMVを観て「すごいことやってるな」という印象しかなかったんです。

コラボが決まってから曲を聴いて、メンバーについて調べたんですけど、なかなか理解できなくて。レコーディングの時も話すことはないどころか、BiSのみなさんはぐったりして床に座りこんでるから、「この人たちは、なんなんだろう」と思っていたんです。2、3年後にゆふちゃん（寺嶋由芙）と仲良くなって、前日に24時間連続ライブをやっていたことを知りました（笑）。

――BiSとはリキッドルームでの2マンライブもありました。

その2マンでBiSさんへの見方が変わりました。バチバチ感はありつつ寄り添ってくれたことで、それぞれファン層は違うのに一体感が生まれて、「表現の仕方は違うけど、『みんなを楽しませよう』という気持ちは一緒なんだ」と理解できたんです。話したことのないクラスメイトと少しずつ距離が近くなる感覚がありました。ドロシーに新しい表現力を加えてくれて感謝してます。

高橋麻里――取材日／2019年4月12日

――アイドル戦国時代はNegiccoやLinQ、ひめキュンフルーツ缶といったローカルアイドルも躍進しました。

どのグループも地方活性化に力を入れていたので、どういう企業とコラボしているのか勉強していました。「仙台でいったらここかな」と考えて、スタッフの方に「あのグループはこの企業とコラボしてましたけど、仙台でもできませんかね？」と相談したこともありました。

――実際、地元・仙台での仕事も多かったと思います。

ラジオのレギュラー番組があったり、ホンダカーズさんのＣＭに起用していただいたり、ファミリーマートさんとコラボして商品開発をしたこともありました。

――東京で話題になれば仙台でも観てみようかとなるし、その相互作用が上手く働いていた。

そうですね。東京から仙台のイベントに来てくださるファンの存在はありがたいと思いました。お土産を買ったり、何か食べたりしたら、地元の活性化にもつながるので。

――アイドルファンの間で『デモサヨナラ』がアンセムとして知られていますが、一方で「代表曲」の呪縛は感じませんでしたか？

アーティストにとって代表曲があることはありがたいけど、ファンの方は「また『デモサヨナラ』？」と思うこともあっただろうし、ドロシーの名前は知ってるくらいの方は「『デモサヨナラ』をやってほしい」と思うはず。その葛藤はありました。私たちも「『デモサヨナラ』を歌ってください」というオファーがあった時に「新曲を出したばかりなのに……」と思うことはありました。「『デモサヨナラ』を超える曲を作らなきゃ」という焦りから、「いま流行ってる曲調に寄せたほうがいいんじゃないか」と思ったこともあるけど、スタッフの方たちは「ドロシーらしさ」を大切にしてくれました。

——2ndアルバム『STARTING OVER』でその葛藤も払拭された。

そうですね。全曲シングルカットできるようなアルバムを作ろうというテーマがあったんです。とくにリード曲『STARTING OVER』は仮歌を聴いた時に、5人が歌って踊っている絵が頭に浮かんで、そのままを表現したら多くの方に評価していただきました。まわりが求めているドロシーリトルハッピーと自分たちができることが一致したんです。

——メインボーカリストとしての自負はありましたか？

『STARTING OVER』からはメンバーそれぞれがメインの曲ができはじめて、それがドロシーの新しい魅力につながると感じたと同時に、メインボーカルの私はもっと頑張らなきゃいけないと思ったんです。「あの子がかわいい」とか「曲がいい」とか、ドロシーが好きになるきっかけは様々だけど、そのひとつに「まりちゃんの歌声がいいね」があるといいなって。

――高橋さんが歌っている姿に自信がみなぎっているように見えました。

センターに立って歌わせてもらっているのに、自信がなかったら他のメンバーに申し訳ないじゃないですか。だったらマイクをおけよという話で（笑）。自信を持ってステージに立つことが自分を輝かせることにつながると思ってました。

――『STARTING OVER』で手ごたえを感じたものの、本格的なブレイクには至りませんでした。何が足りなかったと思いますか？

お金のかけ方じゃないですかね（笑）。振り返って思えば「こうすればよかったのかな」ということはあります。でも、あの時のまっすぐさじゃないと超えられなかったこともあったと思うんです。

――２０１５年7月12日に行われた中野サンプラザホール公演をもって秋元さん、富永さん、早坂さんがグループを卒業しましたが、ステージ上で5人の間での行き違いがあって口論になってしまいました。コミュニケーション不足だったのでしょうか？

そうだったと思います。大人の方の考えもあって、メンバー同士でコミュニケーションをとれない時期があったんです。そのままの状態で中野サンプラザのライブを迎えてしまったので感情が爆発した、という感じでした。

「メンバーだけで話さないように」と言われていたけど、大人の言うことを真面目に聞きすぎていたと思うんです。その真面目さが悪い方向に動いてしまったのかもしれません。いま思えばそんな決まりは気にせずに話せばよかった、５人で話せばよかったんですよね。

――あの場で高橋さんは中立のスタンスでしたよね。

どちらの言い分もわかるから心が痛くなって泣きそうでした。ただ、ファンのみなさんに見せていいものじゃないので、ステージ上で言い合うことは間違っているなと思って。５人のドロシーとして最後までやりきりたかったんです。歌とダンスで幸せを届けるという原点に戻りたかったから。

――ドロシーは高橋さんと白戸さんの２人体制になりました。

５人でやっていたことを２人でやるって、単純に人が減ってマイナスになった、ということになってしまうじゃないですか。最初はどうマイナスに見せないようにできるか考えていたけど、「マイナスに見せないのもおかしいんじゃないか」と思いはじめたんです。３人がいたことは事実で、その影を消すことはできないから。５人のドロシーも大切にしつつ、２人で新しいドロシーを作っていきたいという気持ちが強かったです。

――離れてしまうファンの方もいましたか？

だいぶ〝サヨナラ〟した方が多かった気がしますね（笑）。３人を応援する方、２人を応援する方、両方を応援する方、それぞれいたんですけど、そのまま離れてしまう方も多かったと聞いて。寂しさもあったけど、「5人のドロシーを好きでいてくれたんだな」とも感じました。それだけ5人のドロシーが魅力的だったのかなと思ってます。

――さらに白戸さんが卒業されて（２０１７年7月23日）、高橋さんひとりでドロシーリトルハッピーを名乗ることになります。ここでドロシーをおしまいにする選択もあったと思いますが。

ひとりになってできることなんてあるのかなと思っていたけど、もうちょっとドロシーリトルハッピーでいたい、という気持ちだけでした。ドロシーリトルハッピーが自分の苗字だと思っていたので、失くしてしまうことが考えられなかったんです。

――ひとりでグループを背負う重さもあったと思います。

責任が重かったです（笑）。でも続けると決めたからには、ドロシーリトルハッピーの名前をもっと知ってもらえるように頑張らなきゃいけないから。活動していくなかで「ドロシーってひとりになったんだぁ」という声は心に刺さりました（笑）。言われて当然のことだけど、ネガティブに受け止めてしまったんです。

――それでも笑顔で活動していたわけですよね。

そうですね。歌とダンスで観ている人を幸せにしたいという気持ちが勝っていたので。

——そして、２０１７年8月27日の@JAM EXPO 2017で5人のドロシーによる1回限りの復活ライブが行われます。

声をかけていただいた時は、やりたい気持ちとそうじゃない気持ちの半々でした。ファンの方は絶対に喜んでくれると思ったし、5人でやりたい想いはあったけど、怖かったんですよね。みんな5人がいいと言うに決まっているし、盛り上がる自信があったから。でも、その次の日からはまたひとりでステージに立たなきゃいけないじゃないですか。

——何が決め手になったんでしょうか？

メンバーに会いたいな、歌いたいなという気持ちですよね。かなちゃん（白戸佳奈）は引退していたので、このタイミングを逃したら5人が会わないまま一生を終えてしまうんじゃないかと思ったんです。

——実際、ステージに立つとしっくりくるものがありましたか？

リハーサルですぐにしっくりきました。立ち位置を移動する感覚までビックリするくらい覚えていたし、横一列になった時も少しもズレないんですよ。中野サンプラザで終わっていたら、あの感覚を思い出すこともなかったんだろうなって。

──callme（現：Kolme　※先に卒業した秋元瑠海、富永美杜、早坂香美）の3人とも話すことができましたか？

ライブ前に顔合わせを兼ねた食事会があったんですよ。しかも、仕事の都合で遅れて到着することになっていたので、「みんな無言だったら……いや、ケンカしていたらどうしよう」と想像してお店に入ったら、めっちゃ笑い声が聞こえてきてホッとしました。私のことも「久しぶり！」と迎え入れてくれて本当にうれしくて。あの時に食べたリゾット、めちゃくちゃ美味しかったですもん（笑）。

──よかったですねぇ。2017年あたりからアイドル、とくに中堅グループの解散が続いてますが、高橋さんはその現状をどう受けとめてますか？

一緒に頑張ってきた仲間たちなので単純に寂しくて。それと同時に、月日が経ったんだなとも思いました。みんな大人になったから決断することもできたんだろうなって。グループ卒業後も芸能の世界で頑張ってる子を見ると「私も負けていられない」と思います。アイドル戦国時代を生き抜いた子たちを集めた大きな同窓会ができたら面白そうですね（笑）。

──そして、高橋さん自身も昨年2018年12月にドロシーから卒業します。

ドロシーとしてやりたいことはたくさんあったんですけど、アイドル業界全体が苦しい時代のなか、事務所の方と意見が合わなくなることが続いたことで卒業を決断しました。アイドルって歌やダンスでみんなを楽しませることが一番だと思っているんですけど、特典会や話題性を最優先されてしまうことに葛藤があって。スタッフの方と足並みがそろわなくなったんです。

——最近は「アイドルになりたい」と思わせないような出来事も増えてますが、アイドルに憧れてアイドルになった高橋さんはどう感じていますか？

寂しいですね。アイドルって本当に素晴らしいものだし、私はアイドルであることに誇りを持っているから。アイドルはもっと輝いてる存在になってほしいです。

——「アイドルはこうあるべき」というのはありますか？

今、アイドルの子にアドバイスをするなら、自分を安く売らないでほしい。みんなの憧れの存在という自覚を持ってほしいです。将来的に後輩を育てたい気持ちもあります。アイドルを卒業した子もグループが解散した子も、いろんなことを経験しているので、現役アイドルの子たちに向けた講義をやってもいいと思うんです。

——ドロシーリトルハッピーはアイドル戦国時代を駆け抜けて、確実にその足跡を残したと思います。

私はドロシーリトルハッピーを尊敬してますし、メンバー自身がそう思えるグループでよかった。ドロシーが大好きなまま卒業できて幸せです。

高橋麻里——取材日／2019年4月12日

——卒業を発表した時点でその後のビジョンはあったんでしょうか？

卒業するまではドロシーとしてやり切ろうと思って。その後は声優としてのお仕事を頑張りながら、歌うことも続けていきたいなと考えてました。

——17年から声優の仕事もはじめてましたからね。

5人の時はソロの仕事よりもグループの仕事が優先すべきだと思っていたけど、2人になった時に挑戦したい想いがフツフツと沸き出して。ひとりになった時に「アイドル以外の活動も頑張らなきゃフェードアウトしてしまう」と危機感を抱いたんです。ワークショップで勉強するところからはじめました。

——現在の声優業界は若くてビジュアルがよくて歌もダンスもできる方が多いじゃないですか。そんな世界で戦うのも大変だと思います。

アイドルの世界以上に高いスキルを持った子が多いなと感じました。しゃべりも上手いし、楽器を弾ける子だっていますから。私の武器は、アイドル業界で学んだ仕事に対する意識やまわりの方に対する礼儀だと思ってます。

——「歌うことも続けていきたい」ということですが。

みなさんから「アイドルを辞めて声優になった」と言われるんですけど、私にとっては「グループ卒業＝アイドル卒業」じゃなくて、ずっとみんなのアイドルでいたいと思ってます。またアイドルとして歌いたいです。

――「アイドル」という肩書が取れたわけではないと。

そうですね。一生アイドルだと思っているので。アイドルからは卒業できないです（笑）。

高橋麻里――取材日／2019年4月12日

「心から謝罪すればファンの方も納得してくれたと思います。
女性が恋愛に興味を持つことは当たり前だと思うから」

荻野可鈴（夢みるアドレセンス／2012〜2019年在籍）

〝スーツ姿での謝罪〟直後のライブを見て

12年7月9日、女子中学生を対象にしたファッション誌『ピチレモン』（学研）のモデルを中心に結成されたのが、夢みるアドレセンス（以下、夢アド）だった。プロデューサーは博報堂DYグループに所属している方だった。夢アド結成直後、そのプロデューサーから連絡をもらって赤坂にある事務所に伺ったことがある。夢アドが売れるための意見を聞きたかったようだが、意図的にやんちゃなファンを増やそうとする現場の雰囲気のつくり方など、僕の好みとは少しずれていて話はあまり噛み合わず、それ以降はミーティングの連絡をもらうことはなかった。

初期の夢アドは、メンバーたちがアイドルに前向きではなく「やらされている感」が強かったが、対バンライブで目が覚めると、本来の素材の良さもあって人気がグッと上がり、14年8月24日には日本青年館で2周年ライブを行なうまでになった。

15年3月、夢アドはメジャーデビューすると、OKAMOTO'SやMrs. GREEN APPLE、ヤバイTシャツ屋さんが楽曲を提供。なかでもKEYTALKの首藤義勝さんによる『ファンタスティックパレード』は夢アドのアンセムになった。TIFなどの対バンイベントでは、他のグループのファンも巻き込んで歌い舞い上がった。

中心メンバーの荻野可鈴さんと志田友美さんはいわゆる「陽キャ」で、通常のインタビューは僕がアイドルから言葉を引き出そうと質問を重ねるが、夢アドの場合は2人が僕のことをイジってくるようになり、取材中はバカ笑いに包まれた。

夢アドの活動は順調に見えたが、17年1月、メンバーの山田朱莉さんが「重大な規約違反」で活動を自粛。直後に行なわれた全国ツアー初日の大阪公演（1月14日、なんばHatch）で、メンバーたちはスーツ姿で謝罪する。アイドルが恋愛することの是非は置いておいて、運営は彼女たちを矢面に立たせるべきではないと思った。

僕は居ても立っても居られず、翌日の名古屋公演（名古屋DIAMOND HALL）に足を運んだ。むき出しのパフォーマンスに心が震え、スーツ謝罪がなくホッとした。そのライブで、荻野さんは「夢アドは永久に不滅です」と叫んだ。オマージュ先が古すぎやしないか、と思ったが、本人は長嶋茂雄の名言を知らなかったらしい。

19年12月、荻野さんは夢アドを卒業。ツイッターに「もっと6人で、このチームで戦いたかった。悔しいという言葉が今の素直な気持ちです。最後の最後まで悲しい思いさせてごめんね」と綴った。

“スーツ姿での謝罪”直後のライブを見て

――荻野さんは何歳で『ピチレモン』の専属モデルになったんですか?

12歳ですね。中学1年生でした。

――その年代の女の子にとって『ピチレモン』は大人気の雑誌だったんですよね。

ただ、当時住んでいた山梨県にはティーン誌に紹介されているブランドがおいてある店がなくて、私自身はファッションにあまり興味がなかったんです。幼馴染に誘われてオーディションに応募したんですけど、『ピチレモン』のすごさをわかっていませんでした(笑)。

――そのオーディションは何人受かったんですか?

6人が専属モデルになって、そのひとりが夢アドのメンバーになる志田友美だったんです。

――当時、山梨から週に何回くらい通っていたんですか?

月2回くらいでした。私は人気がなくて、あまり撮影に呼ばれなかったんです。友美はエースで、私とは天と地ほどの差がありました。事務所に入ったことで、ドラマのオーディションに参加することも増えたんですけど、それに受かるのも友美でした。悔しくて、めっちゃ泣いた記憶があります。

――『ピチレモン』時代、志田さんとそんなに差があるなんて知りませんでした。

友美はすぐ表紙に載ったけど、私が表紙に載ったのは『ピチレモン』モデル卒業前の高校1年生でしたから。3年間くすぶっていたんです（笑）。

——その頃、志田さんと話してました？

仲が悪いわけじゃなかったけど、ふたりになると気まずいみたいな関係で、ほとんど話してなかったです。当時、友美はやんちゃだったけど、なぜか編集部の人に怒られるのは私でした。「態度が悪い」とか「もっとポージングの練習をしなさい」とか。悔しくて、必死にポージングの練習をしたことを覚えてます。

——モデル時代に手応えのある仕事はありましたか？

3カ月に1回、オリジナルの歌やダンスを披露したり、お芝居にも挑戦するような事務所のイベントがあって。そのイベントに来るアイドル好きな男性から人気になって、私がグッズ売り場に並ぶと列ができたんです。モデルよりもイベントで輝いてました（笑）。その人たちが夢アドの最初のファンになってくれたんです。

——だから、荻野さんが夢アドのメンバーに選ばれたんですね。

そのイベントから選抜された6人で夢アドを結成したんです。

——博報堂に呼ばれて、プロデューサーさんから「君たちは今日から夢みるアドレセンスです」と言われたんですよね。

そうです。そうです。当時のプロデューサーさんに「毎日、寝る前に『夢みるアドレセンス』と10回唱えてね」と言われました。私たちに「やりません」という選択肢はなくて、アイドルになることが決まっていたんです。最初は「3カ月に1回の事務所イベントと変わらないだろう」と軽く考えていたけど、公演に向けて朝9時から夜9時までレッスンすることになって、事の重大さに気がつきました。

――「アイドルになるつもりはなかったのに」と思いませんでした?

6人で「3カ月連続公演だから、これが3カ月は続くんでしょ?」「このままじゃヤバいよね」と話し合って、事務所の社長に「3カ月後にやめたいです」と直談判しました(笑)。社長が手を震わせながら「それは逃げているだけなんじゃないか」と説得してきて、なんとか続けることになったんです。

――モデルとは違う厳しさがあったんですね。

モデルの仕事で「厳しい」と感じたことは「朝が早い」くらいで、アイドルのほうが断然しんどかったです。もともとアイドル志望だったら乗り越えられたかもしれないけど、私たちはそうじゃなかったから。

――それでも続いたのはなぜでしょうか。

初めての対バンライブ(13年3月10日)がターニングポイントでした。私たちはひねくれていたから、ライブ前に「夢アドのファンなんて来ない」「夢アドの時だけ、お客さんはシラけてるはず」と言い合っていたんです。そもそも私たちの公演はあまり声を出さないタイプの構成だったので。

——初期の公演はエチュードやトークコーナーもありましたからね。

その頃のコンセプトは「国民的大女優を目指すための下積みガールズユニット」でした（笑）。

——最初の対バンライブのステージに立ったら、どうなりました？

いつも来てくれるファンの方たちがめちゃくちゃ大きな声で応援してくださったんです。あんなビッグボイスは初めて聞きました。そのおかげで、夢アドファン以外のみなさんも盛り上がってくださったんです。その時、「こんなに応援してくれる人がいるんだ！」とめっちゃ感動したんです。ステージからハケて、みんなで泣きましたから。

——アイドルと無縁だったメンバーがライブに目覚めていく過程が面白かったです。

ただ、グループの方向性が変わって、ライブ会場のキャパが広くなると、『ピチレモン』のイベントからついてきてくれた方たちは離れていきました。逆に、いま私がイベントをやると『ピチレモン』時代からのファンの方たちが来てくれるんです。「私のことを覚えてくれていたんだ！」とうれしくなりました。

——荻野さんもその人のことを覚えていたんですね。

もちろん覚えてますよ。

――荻野さんはグループのリーダーでした。

一番年上だったことで、プロデューサーさんに「荻野がリーダーだから」言われたんです。スタッフの方から「リーダーだから」「リーダーなのに」と厳しく言われ過ぎて、嫌気がさした時期もありました。（小林）れいが8カ月の療養（喉の治療）から戻ってきた時（17年6月）に「可鈴ちゃん、リーダーっぽくなったね」と言われたことがあるんです。れいがお休みしている間に引っ張らざるを得ない状況になってしまったので、そのあたりから「ちゃんとしなきゃ」と思ったのは確かですね。

――運営とメンバーの間に入ることは多かったですか？

メンバーが思っていることを伝えることは多かったです。過去に生徒会どころか学級委員長もやったことがなくて、末っ子だし、プライベートでは年上の友達が多いけど、あのメンバーだから「私がやらなきゃ」と思ったというか、私しかいなかったんです（笑）。

――プロデューサーは情熱的な方だったと聞いてます。

当時のプロデューサーさんには信頼感がありました。普段は多くを語らないけど、相談したら、ただ話を聞くだけじゃなくて解決案を提示してくれるんです。社内ベンチャーでひとりだけ違うことをやっていたわけじゃないですか。それだけ夢アドに賭けていたんだなって、大人になったいまは理解できます。

――6人とはいえ女の子の集団なので、いろいろあったと思います。

最初の頃は、プライベートで遊ぶことはなかったけど、仕事仲間としては仲が悪くなかったと思います。個人的な話だと、『仮面ライダー鎧武』（13～14年）に出演していた時期の友美とはギスギスしてしまい、会話がほとんどなかったんです。知らない間に、プライベートでも友美と仲良くなったけど。

――夢アドでは荻野さんと志田さんが同じくらいの人気で、荻野さんがセンターに立つことも多かったです。モデル時代は前を歩いていた志田さんと並んだ感覚はありましたか？

アイドルの時は自信があったので、友美に対するコンプレックスはなかったです。ただ、自分が友美より長けている部分はないと思ってました。

――夢アドは「陽キャ」というイメージが強かったです。対バンライブでほかのアイドルグループと同じ楽屋になった時、「自分たちだけテンション高いな」と思うことはありませんでしたか？

全員コミュ障だから、他のアイドルとどう接したらいいのかわからなくて。私たちは楽屋芸人というか、内輪だけで盛り上がっていたんです。まわりからは勘違いされていたかもしれません。

――お高く止まっているように見られていたかもしれない。

そう見られていたと思います（笑）。

――他のグループの動きは気になりましたか？

忙しすぎて、まわりが見えていませんでした。「アイドルをやっている」というより、「夢アドをやっている」という意識のほうが強かったんです。秩父で映画の撮影をしてから、渋谷でリリースイベントを2回やって、また秩父に戻る。そんな生活が続いた時期もありました。でも、モデル時代が忙しくなかったので、毎日仕事で埋まっていることがうれしかったんです。いまは、あのスケジュールで仕事をしたいと思わないけど（笑）。

――「全員ビジュアルがいい」ことが邪魔をすることはなかったですか？ 垢抜けていない子が洗練されていくところを見守ることも醍醐味のひとつだという見方もありますが。

それはあったと思うけど、その分、「初めてアイドルを好きになった」という方や女性のファンが多かったんです。

――途中から「全員ビジュアルがいい」ことを開き直りましたよね。

メジャーデビュー（15年3月）後、作家さんが入ってライブのMCの骨組を作ってくださるようになったんです。その作家さんが私たちのキャッチコピーを「カワイイだけじゃダメなんですか？」に決めた時から、「開き直っていくしかない」と思ったんです。私たちなら、半分ジョークとして受け取ってもらえるかなって。実際、批判されることもなくて、「面白い」という反応ばかりでした。

——対バンイベントの中でも最大級のTIFはどうでした？

めっちゃ楽しかったです。海や花火やお祭りに行く暇がなかったので、フェスで夏を感じていたんです。

——他のグループを意識していなかったようですが、TIFでの集客は気にならなかったですか？

夢アドには『ファンタスティックパレード』（16年4月リリース）があったので、安心感がありました（笑）。

——普段は夢アドのライブにこない人も『ファンタスティックパレード』を聴きにきていたと。

そうです。『ファンタスティックパレード』には感謝してます。

——メジャーデビュー以降、OKAMOTO'SやMrs. GREEN APPLEといった邦ロックのアーティストに曲を提供してもらうことが増えました。

バンドサウンドの曲もアイドルに寄せた曲もあったので、歌っていても楽しかったです。MVも凝った演出の作品が増えて、メジャーデビュー後はお金のかかり方がそれまでと明らかに違いました。「これがメジャーなんだ！　ソニー、すごい！」と感動しました（笑）。

――自分たちから意見を出すことはあったんですか？

ライブのセットリストに関しては、気になるところがあれば「この曲のほうがいいんじゃないですか？」と言うことはありました。

――メジャーデビュー後のライブ演出は欅坂46も担当していた方なんですよね。

そうです。野村（裕紀）さんは愛が深い方でした。たくさんのメジャーなアーティストを担当されているのに、「絶対に大きなところでライブをしよう！」と、未熟な私たちの演出にも力を入れてくださったんです。そんなスタッフの方たちの応援があったから、私たちも頑張ることができたんだろうなと思います。

――ライブでいえば、タイで行われたイベントに参加して、気温40度の中、プロレスのリングの上でパフォーマンスしたとか（14年5月）。

そのイベントに出演したのが新日本プロレスと仮面ライダーGIRLSと私たちで、友美が『仮面ライダー鎧武』に出ていたから呼んでいただいたと思うんです。確か、タイの偉い方の息子さんが仮面ライダーのファンだったから（笑）。プロレスのリングは跳ねて踊りにくかったけど、普通なら体験できないことができて楽しかったです。

――中野サンプラザでライブはできたけど、それ以上のキャパになると難しさがあったと思います。

そうですね。対バンライブも、新しいグループがたくさん出てきたはずなのに、同じグループとばかりやっているなと思って。夢アドと同じくらいの規模でライブをしているグループは変わらないままで、私たちも飛び抜けることができなかったんです。いま振り返ると思うところはありました。目の前のあるライブに必死で、「大きい会場でライブをしたい」と思うことが遅すぎたんです。19年夏に「日本武道館を目指します」と宣言したんですけど、もっと前にアピールしていたら、ファンの方たちがもっと熱くなってくれたのかもしれません。「頑張っていれば大きな会場にたどり着くはず」とぼんやり考えていたけど、いまは「ファンの方と目標を共有することも必要だったんじゃないか」と思います。

——アイドルを知っていたら、「他のグループみたいに目標をアピールしよう」と言っていたのかもしれないですね。

余裕がなくて、みんなで話し合う時間もなかったんです。そもそも、グループとしての夢をメンバーに打ち明けることができませんでした。そんなことはないだろうけど、「ひとりだけ熱くなっていたら嫌だな」と思って。みんなの本当の気持ちを知ることも怖かったんです。新メンバーが入った頃からステージングを教えていただくようになった先生のおかげで変わりました。その先生がメンバー全員で対話をする空気を作ってくれたので、普段言えないことも言えるようになったんです。

——16年12月にメンバーのスキャンダルがありました。

心から謝罪すればファンの方も納得してくれたと思います。女性が恋愛に興味を持つことは当たり前だと思うから。12月に起きてしまったので、公式の発表があるまで個人のSNSから何も発信することができなくて、モヤモヤした年末年始を過ごしました。

――17年1月に行われた大阪のライブで、荻野さんと志田さん、京佳さんの3人がスーツを着て謝罪します。何かしらの形を示さないと納得しない人もいるとは思いますが、本人ではないのに公開謝罪をさせられることが理不尽に感じました。

プロデューサーさんの愛のあるプランだったんです。私たちがスーツを着て謝罪することで、「なんで罪のない子たちにスーツを着せて謝罪させるんだ」と、責められる対象が運営側になればいい、という。結果的にそうなったので、プロデューサーさんは私たちを守ってくれたんだ、と思いました。

――すっかり思惑にハマりました（笑）。大阪での謝罪を知って、翌日の名古屋で行われたライブに足を運びましたから。僕は名古屋のライブを観て、みなさんの熱さに「ここから売れるんじゃないか」と感じました。

実際、「『応援しなきゃ』と思ってライブに行ったよ」と言うファンの方は多かったです。6月にはお休みしていたれいも帰ってきたので、熱量が上がったことは間違いないと思います。

――スキャンダルが夢アドの物語になった、と思いましたか？

うーん。「よく乗り切った」と自分たちを褒めたい気持ちはあっても、スキャンダルはないほうがよかったと思ってます。物語はハッピーなニュースで作りたいんです。

――19年12月に荻野さん、志田さん、小林さん、2期生の水無瀬ゆきさんが夢アドを卒業しました。11月の発表時、ツイッターに「みんなの前で初めて宣言した夢、絶対叶えるはずだったのに嘘になってしまいました。もっと6人で、このチームで戦いたかった。悔しいという言葉が今の素直な気持ちです。最後の最後まで悲しい思いさせてごめんね」と書いたように、心残りもあったんじゃないでしょうか、

もう3年以上経ったんですね。もっと年齢が若かったら続けていた、とは思います。

――まだ24歳ですよ。

スタッフの体制が一新すると聞いて、ここが区切りだと思ったんです。プロデューサーさんをはじめとした制作陣が変わってしまうと、夢アドが夢アドじゃなくなってしまいそうで。またイチから夢アドを始めるとしても、年齢的に厳しいんじゃないかと思ったんです。目標を達成するまでに5年かかるとしたら、もう30歳ですから。

――志田さんと小林さんとは話したんですか？

「私は『ここで区切りかな』と思ってる」と話したら、「私もそう思っているんだよ

ね」と返ってきたんです。「日本武道館を目指す」と夢を宣言したばかりだったから、ファンの方には無責任だと思われてしまったのかもしれないけど、残るメンバーもいたので、「体制が変わるから」と説明できませんでした。

——卒業後の展望はあったんですか？

何も考えてなくて、卒業後は燃え尽き症候群でした。中学1年生からずっと仕事を続けて、最後の2年間はほとんど休みがない状態が続いていたので、しばらく休みたいと思ったんです。

——お休み中は家でじっとしていたんですか？　人と会っていたんですか？

家でじっとしてました。19年12月に卒業したので、すぐにコロナ禍に突入したんですよ。世間が休んでいるから、自分が休んでいても罪悪感がありませんでした（笑）。

——その後、イベントや配信で活動するようになります。

いまは自分のペースで仕事をしてます。指原（莉乃）さんとか、最近でいえば村重（杏奈）さんみたいにバラエティ番組に出て、芸能界でゴリゴリに頑張りたいという気持ちがあれば、お休みをしないで他の事務所に移籍していたと思うんです。ライブの作家さんにも「頑張ればテレビに出られるのに」と言われていたけど、そこまで「テレビの世界に入りたい」という野心はなくて。いまは、世の中になじむ仕事もしているんです。

——世の中になじむ仕事？

主に週末なんですけど、2年半くらい芸能以外の仕事をしています。それがめっちゃ楽しくて。まわりからは「続くと思わなかった」と言われています。芸能以外の仕事を通して、お金の大切さがわかりました。最初は「こんなに働いて、これだけ？」と思って。世の中、甘くないですね（笑）。

——22年12月に荻野さん、志田さん、小林さんと3人によるアパレルのイベントがありました。

ふたりとは定期的に会っていたんですけど、ファンの方の前に出るのは久しぶりでした。夢アド結成時はプライベートで会うことはなかったけど、いまは「おばあちゃんになっても仲がいいんだろうな」と思ってます。

——志田さんは結婚して、子どもを産みました。

素敵なママです。友美の家に泊まりに行った時、夜中に子どもが泣き出したけど、日々の疲れが溜まってて、たまたま気づかずママが起きなかったから、私があやしてあげました（笑）。夢アド時代のファンの方も結婚して、子ども連れでイベントに来てくれることがあるんです。私も3年間で状況が変わったけど、みんなも変わったんだなって思うとうれしくなります。

——アイドルをやってよかったですか？

荻野可鈴——取材日／2023年2月3日

アイドルでよかったです。当時、「やるかやらないか」を聞かれていたら「やらない」を選んでいたはず。「君たちは今日から夢みるアドレセンスです」という始まりでよかったと思ってます。

「例え生き残れる枠が少ないとしても、自分は絶対に歌いたいと思ってました」

武藤彩未（さくら学院／2010〜2012年在籍）

スター性に満ちた〝縁遠かったグループ〟

アイドルを取材していくと、ゆるやかに自分の担当グループが決まっていく。その一方で、いわゆる不可侵領域ができる。ハロープロジェクト、ＨＫＴ48、ＮＭＢ48に関して編集者からオファーがくることもなければ、自分から「取材したい」と言うこともなかった。稀に話が来た時は別のライターを紹介した。

アミューズが運営するさくら学院も不可侵領域だったが、中学3年生の3月で義務教育を終えると同時にグループを卒業する「成長期限定ユニット」という明確なコンセプトや楽曲のクオリティの高さ、そして、メンバーのメジャー感に興味は惹かれていた。

12年3月、初代生徒会長の武藤彩未さん、三吉彩花さん、松井愛莉さんが、さくら学院にとって最初の卒業生となった。三吉さんと松井さんはすぐに女優、モデルとして活躍。武藤さんは「松田聖子のようなソロアイドル」を目指して1年間の準備期間に入った。

13年4月29日から武藤さんのソロプロジェクトが始動すると、僕も『月刊エンタメ』14年5月号で取材する機会に恵まれた。プロジェクトの大きさを理解したうえで、森雪之丞さんや本間昭光さんといった大物クリエイターに敬意を示し、ソロアイドルとしての矜持を感じさせるインタビューだった。

渋谷のど真ん中で撮影していると、武藤さんを見た街の人は「かわいい！」「細っ」と反応し、さらに「え？　生きてるの？」という声まで聞こえた。それほどスター性があったのだ。

武藤さんは単独ライブを重ねた。会場のキャパシティ以上にスケール感のあるセット、まっすぐで透明感のある歌声で、毎回満足度の高い公演になっていた。ももクロの記事でお馴染みの小島和宏さんとは、武藤さんのライブ会場でよく会って軽く雑談をした。

15年4月29日、武藤さんは渋谷公会堂に進出。吉川友さんや寺嶋由芙さんも活躍し、ソロアイドルブームが起きると予感させた。しかし、15年12月に武藤さんは芸能活動休止を発表すると、留学のためニュージーランドに発った。

——20年11月に放送された『今夜くらべてみました』（日本テレビ系）の「20代なのに80'sアイドルに憧れる女」に出演されましたが、反響はいかがでしたか？

ずっと「80年代が好き」と言い続けて、やっと話すことができました。ブレずにやってきてよかったです。ＳＮＳでも「はじめまして」の方が増えて、私の曲を聴いてくれる方もいたので、いまでもテレビの影響力って大きいんだなと感じました。

——「80年代アイドル好き」は家庭環境が大きく影響しているそうですが。

父が調教師という仕事をしている関係上、厩舎の横で育ったので、お馬さん優先の生活を送っていたんです。お馬さんは音に敏感なので、家で騒ぐことができなくて、基本的にテレビをつけることもありませんでした。だから、同世代が聴いているようなリアルタイムで流行っている曲ではなく、家族で出かける時に車の中でかかっている曲や、カラオケで両親が歌ってくれた曲が、自分の好きな音楽になったんです。

——それが80年代アイドルの曲だったと。なぜ80年代アイドルの曲が耳心地よかったのでしょうか？

曲がシンプルな分、ボーカルがしっかり届いて、歌詞も胸に届くんです。いまは心情やメッセージを伝えるような歌詞が多いですけど、当時は作詞家が書いた物語を歌うというか、演じるシンガーという印象があって。いま自分が音楽制作をする時も意識しています。

——現在、武藤さんは作詞もしているんですよね。「心情」より「物語」を重視していますか？

そこは半々というか。大好きな松本隆先生の歌詞って情景が浮かぶんですよ。いま、どこに、誰がいるのか、鮮明に。私の歌詞も情景をしっかり伝えて、そのうえで気持ちを語っていく作品が多いんです。

——「心情」と「物語」の両方を大切にしているんですね。

歌詞によく「もしも」という言葉を入れているんですけど、番組の企画で80年代に使われている言葉の3位だったんです。知らずに使っていたので、言葉が体に染みついていたのかなって。他にも、いまは「ボク」「キミ」が多いと思うのですが、私は「わたし」「あなた」にこだわっているんです。

——80年代のアイドルといえば、ソロ歌手が多い印象があります。

当時はソロの方が多かったですよね。グループはグループの良さがあるけど、やっぱりひとりで背負っているアイドルはカッコいい。なかでも松田聖子さんはずっと憧れの存在です。

——松田聖子さんの魅力を教えてください。

曲も歌詞も素晴らしいんですけど、聖子さんだから歌の良さが伝わって、いまも歌い継がれていると思うんです。歌唱力や表現力はもちろん、ハスキーな声質もビジュ

武藤彩未——取材日／2020年11月30日

アルも好きですし、「しゃくり（音程を下から上にすくい上げるように歌う歌唱法）」に女性の私もキュンとしてしまいます。

――ただ、武藤さんは「アイドルになりたくて」自ら芸能の世界に飛び込んだ、というわけではないんですよね。

小学3年生の時、お母さんに「お小遣いあげるから、キッズファッション誌のモデルに応募していい？」と聞かれて、「やる！」と答えたのがきっかけでした。小さい頃からかわいい服を着せてもらったり、メイクをしてもらって、そのキラキラの世界にハマっていったんです。

――そして、AYAMIとして可憐Girl’sのメンバーになります。

可憐Girl’sはアニメ（『絶対可憐チルドレン』）のために作られた1年限定のユニットでした。私は歌もダンスも未経験だったので、正直、自信はなかったんですけど、オーディションに挑戦したら合格して。「アイドルになりたい気持ち」は全然なかったんです。かといって、「女優をやりたいか」と聞かれても「うーん」という感じで。可憐Girl’sで歌うことの楽しさを知って、さくら学院につながっていたんです。可憐Girl’sがなかったら芸能の仕事は続けていなかったと思います。

――お客さんの前でパフォーマンスする機会はありましたか？

お客さんの前に出ることは解散ライブとアニサマ（Animelo Summer Live）くらいでした。アニサマでさいたまスーパーアリーナに立った時は、客席がペンライトの光で埋まって、まるで夜空の下で歌っているような気持ちになったんです。しかも、初めてお客さんの前で披露する曲なのに掛け声が完璧で、頑張ってきてよかったと感動しました。

——可憐Girl'sはキャラクターを演じていたのか、理想のアイドルに近づけようとしていたのか、どちらでしょう。

　キャラクターになっているわけでも、大好きな聖子さんを意識したわけでもなく、当時は足を引っ張らないようにすることに必死でした。経験者の２人（中元すず香、島ゆいか）に圧倒されて、泣きながらダンスをしていましたから。余裕がなかったんです。

——中元すず香さんは武藤さんの1歳下ながら、すでにアクターズスクール広島で歌とダンスの経験がありました。

「負けたくない」というのはなくて。すーちゃんは歌もダンスも完璧だったので「同世代にこんな子がいるんだ」とビックリして、「この子みたいになりたい」と思ってました。

——２０１０年４月にさくら学院が結成されると、武藤さんはオリジナルメンバーとして所属しますが、同じくオリジナルメンバーである中元さんとの関係性は変わりましたか？

変わらなかったですね。ずっと見上げていて、ライバルと思ったこともありませんでした。当時は私もすーちゃんもいまの状況を想像していなかったと思います。

——学校をテーマにして中学3年生の3月で卒業するという、さくら学院のコンセプトを最初に聞いた時、どう思いましたか？

私は中学2年生で入って1年間しか活動できないとわかっていたので、その期間をノンストップで走り抜けようと思いました。普通のアイドルグループは卒業までの期間が決まってないじゃないですか。だから、「またチャンスがある」と思えるかもしれないけど、さくら学院の活動は期限があるからこそ1回1回をより大切にできたと思います。

——さくら学院はライブだけでなく、各分野の専門家を招いた公開授業があったり、教養を身につけながらアイドル活動をしてきました。

いろんな経験をさせてもらいました。お芝居やバラエティも勉強できたおかげで、さくら学院の卒業生はいろんな道に進むことができて、歌手も女優も声優もいるんです。個人的には「百人一首の曲を作りたい」と言っていたら本当に実現できたのがうれしかったです（『さくら百人一首』）。中学の時、カルタ部に所属していたので百人一首をやっていたんですけど、先に取った時の快感がたまらなくて、すごく好きでした。

百人一首って、それぞれの歌に深い意味があるじゃないですか。その歴史的な背景にも興味が湧くんです。生まれてきた時代を間違えたのかもしれません（笑）。

——80年代から鎌倉時代まで（笑）。ライブや授業を公開して、父兄（ファン）の方たちと時間を共有するという形をとっていました。

父兄のみなさんに成長を見守っていただいてる感覚で、自然に楽しんでいました。他のアイドルグループのライブと違って、父兄のみなさんが着席しているスタイルだったので「発表会」のようでした。森ハヤシ先生（担任としてＭＣなどを務める）の存在が心強かったです。他の生徒もそうだと思うんですけど、卒業してからも森先生と連絡を取り合ってます。20歳になった時は、同期の三吉彩花と松井愛莉と森先生の４人でお酒を飲みました。

——生徒会長としてはどんなことをしていたんですか？

「初代生徒会長」と言っていただくことがあるんですけど、そんなにたいしたことはやってなくて（笑）。逆に、みんなから支えてもらってました。

——例えば握手会や選抜総選挙があるＡＫＢ48と違って、さくら学院は生徒同士が比較されることは少なかったように思います。

そうだと思います。みんなで目標に向かって頑張ってました。部活みたいな感覚もあって、私にとってさくら学院は青春だったんです。

――他のアイドルグループとの対バンはどうでした？

緊張感はありましたね。同じ楽屋になって他のグループが練習をしはじめると空気がピリッとして（笑）。「私たちもやらなきゃ！」と焦るんです。ただ、そこで「負けられない」と力んでしまうとよくないので、「いつも通りやって、練習してきた成果を出そうね」とメンバーには言いました。

――武藤さんが率先して言うんですか？

私と彩花ちゃんでしたね。

――他のアイドルとの交流はありましたか？

ももクロさんは全力のパフォーマンスがすごいなと思ってました。さくら学院を卒業して、高校であーりん（佐々木彩夏）と同じクラスになって仲良くなったんです。

――佐々木彩夏さんも「王道のアイドル」志向なので、武藤さんと似ている部分がありそうです。

確かにあーりんは〝ザ・アイドル〟という感じですよね。ただ、私は最初こそ「聖子さんみたいなアイドルになりたい」という気持ちがあったんですけど、自分には違うやり方のほうが合っているんじゃないかという葛藤が生まれて、ソロデビュー後に2年以上の海外留学をしたんです。いまは自分から「アイドルです」と言うんじゃなくて、「アイドル」なのかは観ている人に決めてほしいと思ってます。そのために、シンガーとしても通用するような実力を身につけたいんです。

——さくら学院として大きいハコでライブをしたい気持ちはありましたか？

在籍していた時はよく「渋谷公会堂に立ちたいね」という話をしていました。初期メンバーで立つことはできなかったんですけど、その後、後輩たちが想いを受け継いでくれて渋谷公会堂でライブをしてくれて。あの時はすごくうれしかったです。

——卒業後を見据えて行動していたんですか？

今後どうするかを考えたのは卒業する直前だったと思います。それまでは「グループの活動をやりきろう」という気持ちが強かったので。卒業が近づいて、事務所の方と進路相談をして。同期の三吉彩花と松井愛莉は女優の道に進んだけど、私には歌しかないと思って「歌で勝負したいです」と伝えたんです。

——女優なら年齢を重ねてもできるし、受け皿もあると思うんです。女優に比べて受け皿の少ないソロアイドルやソロシンガーは厳しい道なのかなと。

例え生き残れる枠が少ないとしても、自分は絶対に歌いたいと思ってました。

——さくら学院は２０２１年8月31日をもって活動終了することが発表されました。武藤さんは思うことがあるのではないでしょうか。

ずっと続くものだと思っていたから、最初に聞いた時はすごく寂しかったです。でも逆に、私が卒業した後も8年続いて、さくら学院が10周年を迎えられたことに感謝しかありません。終わってしまう寂しさと、後輩たちがつなげてくれたうれしさの両方があります。いつか卒業生で集まってイベントができたらいいですよね。

——さくら学院卒業後、ソロデビューにあたって1年以上の準備期間を設けていました。

その間、80年代の曲を題材に練習したり、立ち振る舞いを完璧にしたくて日本舞踊を改めて習いました。ダンスの先生に「手先まで意識して踊ることが大事」と言われて、日本舞踊で磨くことができるんじゃないかと思ったんです。

——最初のソロライブでは80年代アイドルの曲をカバーしていましたが、本人に寄せようという意識はなかったですか?

逆に、オリジナルに似せないように意識していました。私のオリジナリティが出ないと意味がないので。

——選曲はご自身で?

はい。母親に「あの頃、好きだった曲を教えて」と聞くこともありました。

——カバーした曲でとくに印象に残っている曲を教えてください。

堀ちえみさんの『リ・ボ・ン』はちょっと意地悪な歌詞で、あの曲に出てくる女の子を演じたことは勉強になったかなと思います。

——ライブを重ねるごとにオリジナル曲が少しずつ増えていく、というのはとても戦略的だったと思います。
オリジナルはライブごとに1曲ずつ披露していって、ファンの方と「武藤彩未」を作っていきました。オリジナル曲に関しては作詞家の方に会わせていただいて、「ここはこういう気持ちで…」と説明を細かく聞いたうえで歌唱に臨みました。

——デビューアルバム『永遠と瞬間』には、森雪之丞さんが作詞した曲も収録されています。

森さんが作詞した作品は、斉藤由貴さんの『悲しみよこんにちは』といったアイドルの曲はもちろん、アニメ『ドラゴンボール』に使われた曲も好きでした。森さんはレコーディングにも来てくださったり、本当によくしていただきました。

——ステージに立って、グループとの違いは感じましたか？

まったく違って。さくら学院の時はメンバーに助けられていたんだなと実感しました。10人でやっていたのが1人になると、ステージを広く使える分、体力の使い方も変わってくるんです。だから、ソロになってからランニングをはじめました。長い時で1日10キロくらい走って、足を痛めたこともあるんです（笑）。

——1度ハマるとやりすぎてしまうタイプなんですね。

そうなんですよ（笑）。逆に飽きるのも早いんですけど、ランニングはいまも趣味として続けています。

武藤彩未——取材日／2020年11月30日

――当時、ソロで赤坂ブリッツといった1000人規模のライブハウスを埋めていたのはすごいなと思いました。

またブリッツに立ちたかったけど、なくなってしまいましたよね（20年9月にライブハウスとしての営業を終了）。でも、渋谷公会堂をはじめとして戻りたい場所はいくつもあるので頑張りたいです。

――ライブの演出など、武藤さんから「こうしたい」と提案することもあったんですか？

私から意見することはなかったです。当日、会場に入って「こんなセットなんだ！」となることも多かったので。良くも悪くも作られたアイドルというか、素晴らしい演出やセットを用意していただいて、すごくありがたい環境だったけど、私の中でもやりたいことが生まれてくると、自分から意見が言えないもどかしさに葛藤を抱えるようになって……。そんな環境に窮屈さを感じたことも、16年に海外留学した理由のひとつでした。

――僕から見ると、すべてを完璧にこなすソロアイドルというイメージがあったのですが。

いやぁ〜、そんなイメージありました？　そう思ってる方がいるなんて知りませんでした（笑）。当時は言われたことをやるのに必死で……でも、出来てると思われていたらうれしいです。グループからソロになって、最初は自分をどう表現すればいいのかわからなくて。当時は与えていただいたことに対して、全力で応えることがすべてだったんです。経験を重ねていくうちに表現者としての欲求が生まれてきたんですけど、頭の中で「こうしたい」と思っても当時の自分は意見できるほどの説得力がなくて。

——80年代のような「完璧なアイドル」になるために頑張っていたのかなと思いました。

それもそうで、「聖子ちゃんみたいにならなきゃ！」と少しでも近づけるようにやってきたんですけど、やっぱり自分の色も大事じゃないですか。表現者として自分の色を出していかなきゃいけないなと気づいたんです。

——生活も律しなきゃいけないというのはありましたか？

いや、好きなことは全然やっていたし、「これはやっちゃダメ」と言われることもなかったんです。ただ、当時は言われたことをやるのに必死で、頑張り過ぎて爆発したこともありました。

——爆発というと？

すべてを投げ出してしまいそうになったんです。その時にオンとオフを切り替えて、息抜きすることも大切なんだなと学びました。

——そんな素振りを表では見せなかったのはすごいと思います。

本当ですか？　でも、当時は当時で楽しんでいたし、あの頃があったからいまの私があると思ってます。

――自分のオリジナリティを見つけるために外に出ようと。

外に出ようというより、一旦リセットして、自分に力をつけたいと思ったんです。環境に甘えちゃいけないなって。それで海外留学を選びました。

――日本に戻って復帰することは前提にあったんですか？

自分を見つめ直すための旅だったので、「このままやめてもいい」くらいの気持ちでいました。事務所もやめて、留学の期間も決めず、とにかくリセットしたかったんです。もし留学中に「またイチから歌いたい」と思ったらホンモノだなと思って。

――留学先にニュージーランドを選んだ理由は？

幼馴染が留学していて、いい話を聞いていたんです。信用できる人の意見が一番参考になるじゃないですか（笑）。ニュージーランドは自然にあふれていて、現地の方たちもみんな優しくて。ホームステイ先のお父さんとお母さんは、いまも「曲を聴いたよ」「ＭＶを観たよ」という連絡をくれるんです。のびのびと生活できました。

――英語の勉強が中心だったんですか？

英語の学校に通いながら、人生で初めてのアルバイトをして。

――どんなバイトをしたんですか？

ベーカリーでパンを焼いてました（笑）。学校で1年勉強したうえで、言語は実際に使わないと身につかないと思ってアルバイトを始めたんです。そこで貯めたお金でニュージーランド内やオーストラリアをひとりで旅行しました。

——精神的に自立したかった。

そうですね。いままで与えられることばかりだったので、留学を通して行動力が身についたかなと思います。

——留学しているなかで音楽にも触れる機会もありましたか？

何度かボイストレーニングを受けて、国によって練習の仕方が違うこともわかりました。発音も正してもらったんです。

——英語の歌詞に活かせそうですね。

もうちょっと練習が必要かもしれません（笑）。

——2年以上の留学期間を経て、また日本で音楽をやりたい気持ちになって。

そうですね。日本に戻ってからは、身内以外からのサポートを受けずに自分ひとりで活動を始めたんです。ライブハウスに電話して「○月○日に借りたいんですけど」と交渉したり、物販は友達に手伝ってもらって。海外留学で身についた行動力の賜物だと思ってます。

——やるならひとりでやろうと。

日本に戻ってすぐに新しい事務所が決まるわけではないけど、それまで表舞台に出ないんじゃなくて、待っているファンの方たちに会いたいという気持ちが先に立って。じゃあ、しばらく自分ひとりでやってみようとなったんです。あの期間に、ライブを開催することがどれだけ大変なのか身に染みて分かりました。

——何が一番大変でしたか？

リアルな話をすると、お金の計算が大変でした（笑）。生バンドにこだわっていたので、知り合い伝手にメンバーを集めたら、自分に入る金額はわずかで。それでもやりたかったんです。

——個人でライブハウスをブッキングするのも大変だったと思います。

キャパと思い入れを考えてライブハウスを選んで連絡したんです。「事務所を通してください」と断られるところもあったけど、めげずにいろんなところに電話して。duo MUSIC EXCHANGE、Mt.RAINIER HALL、WALL&WALLはひとりでやらせていただいて、ありがたいなと思いました。

——自分でやってみた手応えはどうでした？

いままで応援してくれた方たちが温かく受け入れてくれたことがすごく大きくて。好きなことをやらせてもらいました。2年以上離れていてもライブに来てくれたファンのみなさんには本当に感謝してます。

――2年ぶりに戻った日本のアイドル界の状況に感じることはありましたか？

解散したグループが多かったんだなと思って。私としては「みんなソロ歌手になって、一緒に頑張ろう！」という気持ちです（笑）。

――19年12月からは事務所に所属して、ここから新しい自分を見せたいという想いがあったと思います。

そのひとつとして作詞を始めました。今後はシンガーとしても勝負していけたらいいなと思っているので。

――最近の曲はシティポップの色を出すようになりました。

事務所の方たちと話しながら方向性を決めていくなかで、世界的に再評価されているシティポップの要素も取り入れようと。80年代も感じられるし、新しい武藤彩未も感じてもらえるのかなと思ってます。これからも「80年代」という柱はブレずに、誰かのマネではなく自分の色を出していきたいです。

――ただ、２０２０年はライブができるような環境じゃなかったですよね。

ファーストミニアルバムをリリースしたタイミングで新型コロナが流行って、リリースイベントのほとんどがキャンセルになりました。アーティストの方はみんなそうだと思うんですけど、ライブを活動のベースにしているのでキツかったですね。気持ちを切り替えて、ライブができない期間を楽曲制作にあてて、２枚目のミニアルバムを出すことができたので、今後のライブに期待してほしいです。

――ライブで過去のオリジナル曲は歌うのでしょうか？

17歳くらいの時に歌っていた曲を、いま歌うと違和感があって。やっぱり、作詞家さんに書いていただいた17歳の等身大の歌詞なので……。いまは、作詞も自分でしていて、自分の気持ちを素直に書いているので、できればいまの24歳の等身大の歌を歌いたいと思ってます。

――これまで8年以上歌に捧げてきたことに後悔はないですか？

まったくありません。いつかは日本武道館に立ちたいし、松田聖子さんのようにずっと歌い続けていたい。できれば死ぬまで歌っていたいんです（笑）。

「一方で、そうした苦境さえも表現に変えて
ファンの方たちと熱狂できるのがBiSの強さなんだと確信できました」

カミヤサキ（BiS〈第一期〉／2013～2014年在籍）

〝現象〟として脇目で見ていたグループで

他に追いかけているライターがいたので、僕がBiSを取材することは少なかった。現役はプー・ルイさんに2回のみで、グループ卒業後に寺嶋由芙さん、カミヤサキさんを取材したくらいだ。ライブもプライベートで（フェスを除いて）2回観たくらいで、BiSは「現象」として見ていた。

ライブに足を運ばなくともSNSを通して「ももクロとの接触」や「24時間マラソン」といった企画を目にして、つい追ってしまうのがBiSという存在だった。特に、12年10月12日に2.5Dで配信された「BiSメンバー内抗争『アイドルってなんだろね？』」は、「曲を聴いてもらうために手段を選ばない」プー・ルイさんと「理想のアイドル像を求める」テラシマユフさんが、赤裸々に意見を戦わせることで「アイドルの理想と現実」が透けて見える刺激的なイベントだった。

僕が取材した、槙田紗子さんとの対談でもプー・ルイさんはこう語っている。「私、加入した頃から（テラシマ）ユフちゃんととにかく仲が悪くて。それをスタッフが見かねたのと、やりたかったプロモーションがメンバーからのNGが出てできなかったことで、『公開でケンカすればいいんじゃないか』ってことになったんです。でも、結局は仲直りできなくて……」「理想と現実って違うんですよね。全員の意識にそれがあったから、BiSは『アイドルらしくない』をキーワードに活動していこうと思ったんです」（『TopYell』13年2月号）

カミヤさんを初めて取材したのは第1期BiS解散から5年後だった。プレイヤー（当時はGANG PARADE）と裏方仕事である振り付け師を両立している、その立ち位置に興味を持ったからだ。

カミヤさんはBiSがavex traxからメジャーデビュー、両国国技館でのワンマンライブと規模が大きくなったところで、ファーストサマーウイカさん、テンテンコさんとともに加入した。しかし、約1年でBiSは解散。心残りを抱えたまま、新グループ・プラニメを結成すると、POP、GANG PARADEと改名して理想のアイドルグループを追い求めていた。

GANG PARADE卒業後、カミヤさんに再び話を聞いた。

——カミヤさんにとってアイドルの原体験は？

最初にアイドルに惹かれたのは、小学生の時に観たモーニング娘。さんの『Go Girl〜恋のヴィクトリー〜』でした。それから時間が空いて、高校生の時にＡＫＢ48さんの握手会に初めて行ったんです。さらに、ももクロさんのことが好きになって。当時のももクロさんは本当に「いま、会えるアイドル」だったので、特典会に参加すると「かわいい子とこんなにしゃべれるんだ！」という感動があったんです。エビ中（私立恵比寿中学）さんもそうで、「ブログのコメント、いつもありがとう」と言われた時は舞い上がって、気づいたらＣＤを積むようになってました（笑）。ライブでのプロ意識の高さと、特典会では同じ目線で話してくれるギャップにハマってしまったんです。

——高校生までのカミヤさんは、学校でどんな存在だったんですか？

小学生の時はクラスの中心的な存在だったんですけど、中学生でサッカー部に入ってからはおとなしくなりました。男の子ばかりの中で活動していたことで、「私が一番」みたいに考えてきた私の鼻をへし折られたというか。それでも「死んでもやめてたまるか」と3年間サッカーを続けたんです。高校生の時は制服と私服を選べる学校だったんですけど、制服を着たのは片手に収まるくらいで。髪も派手だったし、悪目立ちしていたと思います（笑）。アルバイトで稼いだお金は服につぎこんでいました。アソビシステムさんが主催した、高校生が自分たちで衣装を作ってファッションショーをするイベントに参加したこともあるんです。ただ、将来は服飾の仕事をしようとは考えてなくて。その時に楽しいと思ったことをやっていただけ。ただ、何かを表現したいという欲求が強かったんです。

——大学生になって、ももクロの振りコピユニットで活動していたそうですが。

当時、流行っていたアニソンのクラブイベントでは「踊れる人」がめちゃくちゃ目立っていたから、自分も踊りたい気持ちが強くなったんです。最初はアニソンのダンスから始めたんですけど、しばらくするとももクロさんのクラブイベントが増えて。ある時、もともと友達だったしおりん（恋汐りんご・バンドじゃないもん！MAXX NAKAYOSHI）から「サキちゃん、いま忙しいかな？　ももクロの振りコピユニットをやっているんだけど、（百田）夏菜子ちゃんがいなくて入ってほしいの」と言われて、「全然いいよ。やるやる」と答えたのがきっかけです。

——「もともと友達だった」というのは？

当時、ストリートスナップのサイトが流行っていて、そこによく出ていたのがしおりんだったんです。よく行く古着屋さんのイベントで顔見知りになって、自然と友達になったんです。

——時代を感じますね。

当時の原宿カルチャーはいろんなジャンルがクロスオーバーしていたんですけど、

なかでもアイドルとファッションが強く結びついていた時期だったと思います。美容師の内田聡一郎さんがすごいしおりん（玉井詩織）推しだったり、「オシャレな人がアイドルを好き」というギャップが面白い時代だったんです。

——その頃にはBiSも活動を始めていたと思いますが、カミヤさんはどう見ていましたか？

『My Ixxx』のＭＶを観た時に、驚きつつもカッコいいなと思って。振りコピユニットでBiSと同じイベントに出演したことがあるんですけど、その会場で『My Ixxx』のＣＤを買って特典会に参加したんです。その後も『ＰＰＣＣ』の24時間イベントに行ったり、赤坂ブリッツのライブも観て、普通に好きでした。

——BiSの「さらけ出すエンタテインメント」には何を感じていましたか？

嫌悪感はまったくありませんでした。それ以上に「曲がカッコいい」という気持ちが強かったんです。いい意味で何をやっているのかわからない振り付けなのに、お客さんは熱狂している。ももクロさんやエビ中さんは「かわいい」が先にくるけど、BiSは「なんだこれは⁉」が先にくるグループでした。

——就職活動の時期にBiSのオーディションを受けたんですよね。

ファッション業界や音楽業界を中心に就職活動していたんですけど、やる気が起きなくて。「なんでみんな行きたい会社があるんだろう」と疑問に感じていたんです。そんな時にBiSが新メンバーを募集していると知って。ひとつ前のオーディションを受けずに後悔していたので、就職活動に集中できない自分に喝を入れようと、ダメもとで受けたんです。

――オーディションに受かった時、両親はどんな反応でしたか？

受かってから話したんですけど、「あ～。そうなんだ」という反応でした。放任主義というか、自由にさせてくれる家庭だったんです。とはいえ心配していたみたいで、加入にあたって渡辺（淳之介）さんと話した時、母親が「もしグループがなくなったら就職先を斡旋してください」と言って（笑）。渡辺さんはずっと覚えていて、ことあるごとに「お前のお母さんに言われてるからな」と言われるんです。渡辺さんって、見捨てない人なんですよ。

――グループに入って、外から見ていた時とは違ったことはありましたか？

いや、さらけ出していたグループなので、覚悟していたことが全部降りかかってきた感じです（笑）。メンバーもスタッフの方もファンの方も優しくて、想像よりも怖くないグループでした。

――プー・ルイさんはどんな存在でした？

リーダーだけどリーダーらしくないというか、助けたくなる存在で、自分の役割を探す余地を作ってくれるんです。「私が引っ張る！」というより、「これはできないからサキちゃんやってよ」というゆるさがありつつ、BiSとしてのプライドはしっかり持っている。ブレない軸があるんです。

――ライブに参加して、中から見た熱狂に何を感じましたか？

当時のBiSは研究員の熱量あってこそのライブでした。メンバーから発信することはもちろん、研究員の熱量と相互に作用することで大きなパワーが渦巻いていたんです。それがアドレナリンを生んで、中毒性のあるライブになっていたと思います。研究員が服を脱いだり、ゴロゴロ転がってくる非現実的な光景が気付いたら日常になってました。BiSが解散して、新しい活動が始まった時に「あの空間が特別なものだったんだ」と気づいたんです。

――BiS時代、一番キツかった思い出を教えてください。

車中泊ツアーですかね。ご飯がちゃんと食べられなかったり、スタッフの方と衝突したり、メンバーが段々と疲弊していく様子を見ているのがしんどかった。「どうして上手くいかないんだろう」という苛立ちから、初めて運営側に意見しました。それまでは鈍感だったけど、このツアーをきっかけに、まわりの些細な変化も感じ取れるようになったんです。

――それだけ追い詰められた。

初めて我慢できないことに出会ったんです。それまではまわりに合わせて「いいね。それやろうよ」というスタンスだったけど、自分の意見を言わないと悪い方向に進んでしまうこともあるとわかって、内に秘めることを止めました。自分の中で新しい扉が開いたんです。一方で、そうした苦境さえも表現に変えてファンの方たちと熱狂できるのがBiSの強さなんだと確信できました。だから、グループをやめずにいられたんだと思います。

——個性的なメンバーの中で、自分のキャラクターや立ち位置に悩んだことはありましたか？

これは自分の悪い癖で、「空いてる席に行けばいいや」というスタンスだったんです。「ガワ」を取り繕うことはできるので、まわりにはそう見えなかったと思うけど。BiSのレギュラーラジオ番組でゲッターズ飯田さんに占ってもらった時に「やる気がない」と言われて、プー・ルイに「サキちゃん、そんなことないよね？」とフォローされたんです。第2期BiSで活動した際に「確かにあの時はやる気がなかった」と自覚しました。一生懸命練習するけど、グループに向き合おうとせずに受け身の姿勢だったんです。

——カミヤさんは『Fly』などBiSの振り付けを担当されましたよね。振り付けに自分の役割を見出したわけではないんですか？

「振り付けを考えることは好きだから、これなら自分にできるかな」と思っただけで、それ以上のことは考えていなくて（笑）。当時の自分は「好きなことならやるよ」というスタンスだったんです。

――加入から約1年で解散が決まったことはどう受け止めましたか？

あっという間に終わってしまったので、解散する自覚もないまま次が始まってしまったというか。自分が他のメンバーより早く新しいスタートを切ったこともあって、終わったことを認識しないままズルズル進んでしまった感はありました。

――解散に対して現実感がなかった。

物理的に解散には向かっていたんですけど、心は終わってなかった。解散が嫌とかじゃなくて、自分の中でBiSを終わらせる準備ができていなかったし、当時のボンヤリしている自分は解散と向き合うことができず、「楽しくやろうよ」という感じで進んでしまったんです。

――解散が決まってすぐに、ミズタマリさんとのプラニメが動き出します。

BiSの解散と並行して、プラニメの準備を進めていたんです。心配してくださった渡辺さんと相談しつつ自分のやりたいことを詰めていった結果、あの形になりました。

――プラニメ以降は、カミヤさんが主体的に動くようになったんですか？

BiSの時に自分の中で「こうだったらよかったのに」と思っていたことが、「初めからグループにいたかった」で。BiSのメンバーが積み重ねて、エイベックスからメジャーデビューした状態で加入したので、何もない景色からみんなと経験したかったんです。プラニメでは、自分もイチから体験できるワクワク感がありました。

——自分がグループを引っ張っていく責任感もありましたか？

最初は２人だったので、「引っ張っていく」というより「一緒に頑張ろうね」という気持ちだったんですけど、（ミズタマリが脱退して）５人グループのＰＯＰになってからは引っ張っていこうと思うようになりました。

——その頃は気持ちが先走り過ぎたこともあったと思います。

それだけ必死になれていたのかなと思います。プー・ルイのスタンスと真逆で、私は自分がガンガンやって、他のメンバーが入る余地を与えなかった。それがＰＯＰの時期だったのかなと思います。

——GANG PARADEでは、ＭＶ『ＦＯＵＬ』でカミヤさんがバリカンを入れて丸坊主になったことも話題になりました。

ＭＶ撮影前に渡辺さんから電話がきて、なぜかその時点で察したんですけど（笑）、「坊主にしてくれない？」と言われたんです。私は「やっぱりそうですか。いいですよ」と二つ返事で引き受けました。当時のギャンパレはメンバーが３人加入して再スタートを切った時期だったので、「ここでかまさなくてどうする」と思ってました。

「自分ができることはなんでもやりたい」という気持ちと、渡辺さんが仕掛けるタイミングがピッタリ合って丸刈りになったんです。

――WACKは所属グループが増えて、「BiSをもう一度始める」とBiSHが始動します。

アイナ（・ジ・エンド）に「申し訳ない」と謝ったこともあるんですけど、最初は本当に嫌でした。私はBiSが本当に好きなので、「BiSをもう一度始める」とBiSHを結成する段階から、自分の好きなモノが取られてしまう感覚になったんです。アイナの声も（セントチヒロ・）チッチの声も最初から好きだったけど、認めることができなかった。自分の弱さだったと思います。そんな嫉妬から好きになれなかったけど、曲を聴いたら「これ、売れるじゃん！」って（笑）。

――アイナさんからカミヤさんに相談していたこともあったそうですが。

私がBiSHを好きになってからだと思います（笑）。私の気持ちが変わったきっかけがあって。お世話になっていたスタッフの方に「俺の知ってるカミヤは、メンバーや後輩のことを思って優しくなれる人間だった」と言われて目が覚めたんです。「確かにいまの私は自分らしくないな、BiSHのことを好きになろう」と切り替えようと、それまではBiSHのライブを観ても粗探しをしていたけど、いいところだけを観るようにしたら「めっちゃカッコいい！」「私もこんなふうにできたらいいな」と思えるようになったんです。それからは「BiSHのメンバーともコミュニケーションをとりたい」と気持ちが変わりました。

——カミヤさんが考えるBiSとBiSHの違いは？

BiSは巨大カルト集団というか（笑）、限りなくメジャーに近いアングラだったと思うんです。それでは限界があると悟った渡辺さんが作ったのがBiSHで、BiSのいいところは残しつつ、反省点を修正したグループなのかなと。BiSの存在があったからBiSHがいることは間違いないので、その誇りは持っていていいと思ってます。

——ギャンパレから第2期BiSにレンタルトレードされましたが、そのことでBiSからの呪縛から解放されましたか？

BiSで心残りだったことを、2回目のBiSでは全部やろうと決めて挑みました。最初のBiSであんなに貴重な経験をさせてもらったのに、楽しいことだけを求めていたから、「美しい記憶」と「普通がわからなくなった感覚」しか残らなかった。2期BiSでは、その後悔を晴らすことができた自信があります。当時のプー・ルイやウイポン（ファーストサマーウイカ）が担っていた苦しい部分と私も向き合って、BiSのプライドを持ってライブをしていました。そのプライドには「BiSHに勝たなきゃいけない」という気持ちもあって。王者としての信念を抱いて活動してきたので、よりBiSのことが好きになっちゃいました（笑）。2期BiSが始まった時は、BiSのことも嫌いになっていたんです。でも、いざ2期BiSの中に飛び込んだら呪縛が解けて、「好きなモノは好き」と認めていいんだって思えたんです。BiSを遠ざけるんじゃなく、ギュッと抱きしめたら愛することができた。BiSも「やっと気づいてくれたんだね」と微笑んでくれた気がします（笑）。

――自分が作ったギャンパレを外側から見て何を感じましたか？

不思議な体験でしたし、寂しさもありました。先陣を切っていた私がいないことで、メンバーが自分の役割を見つけて、調和のとれた新しいグループになっていたから。私が知らない、だけど、よりギャンパレを感じさせる骨組みができていたんです。そこに戻ったら楽しそうだなと思いました。

――BiSの呪縛から放たれたから、ギャンパレに戻った時に自分のやりたいことができた、というのはありましたか？

みんなが作り直したギャンパレを壊さずに、自分にできることを探す難しさもありました。プラニメを結成した時に「ステップを踏んでファンの方と成長したい」と思っていたんですけど、私がいない時のギャンパレで実現しそうだったんです。私が2期BiSにいた時に、ギャンパレは渋谷ＷＷＷ、リキッドルーム、赤坂ブリッツと会場を大きくしていった。私がギャンパレを1度離れる前に「これからステップアップしていく過程を体感できるから羨ましいよ」とメンバーに話したら、本当にそうなってました。戻ってからもZepp（DiverCity TOKYO）や野音（日比谷野外音楽堂）に立てて、着実に上がっていく経験ができたことはうれしかったです。

——ギャンパレからの脱退を決めた理由を教えてください。

悩みに悩んだ末の結論でした。ギャンパレは新しい子が次々と加入して、ＷＡＣＫ全体にもオーディションを通してフレッシュな子たちが増えて。そうなった時、自分の熱量とフレッシュな子の熱量の差に気がついてしまったんです。メジャーデビューしたばかりのギャンパレは勢いを持って進まなきゃいけないのに、私に合わせて落ち着いちゃいけないだろうって。それに、昔のような熱量を出せない自分が嫌いになりかけていました。自分が作ったグループなのに勝手な振る舞いかもしれないけど、新しい子たちに渡したほうが絶対によくなると思ったんです。私が脱退して再始動したギャンパレは新しいメンバーも加わったことで新しい風が吹いて、自分が求めていた景色を見ることができました。

——ファンとしてアイドルを見ていた時から、アイドルは「期限付き」と思ってましたか？

アイドルをやってみて、そう思いました。プー・ルイが2期BiSをやめた時は「なんでやめるの⁉」と思って、渡辺さんにも「なんでやめるのかわかりません！　私はやめません！」と言ったんです。アイドルじゃない自分が想像できなかったし、ずっとＷＡＣＫにいると思ってましたから。「やめるべきかもしれない」という考えが頭をよぎった時は、自分でもビックリしました。

——ＷＡＣＫをやめる前提でのグループ脱退だったんですか？

渡辺さんに脱退することを報告した時に「ＷＡＣＫもやめます」と伝えました。自分が作ったグループを自分からやめて、それでも「ＷＡＣＫにいさせてください」という、甘い蜜だけ吸うようなことは違うだろうと思ったんです。フリーランスで活動して、将来的に成長したらＷＡＣＫと仕事をしたいなって。それが明るい未来だと思ったんです。

——脱退した時には振り付け師としてやっていこうと思ったんですか？

初めてギャンパレを客観的に見た時、自分が作った振り付けでみんなが踊ってることに感動したんです。自分が作った振り付けが、メンバーたちによる表現でひとつの作品になって、それを楽しんでくれるお客さんたちがいる。そのことにグッときました。その経験が忘れられなくて、振り付けを仕事にしたいと思ったんです。

——振り付け師になって、アイドル時代とは違う気持ちが去来することはありますか？

ずっとステージに立って表現していたので、作ることで表現するだけでは満足できない、心の中で蠢いたものがあって。この気持ちを放出しないと死んでしまうかもしれない（笑）。例えばプー・ルイがいるPIGGSなんかは、そんな自分のリアルな感情も振りに落とし込めて、メンバーも自分の色に染めてくれるんですけど、それでも満たされない時が訪れるんです。すごく苦しい。でも表現するうえで、心の中に蠢いているモノは必要だと思うので、どこか安心している自分もいます。

――プー・ルイさんとの関係性は変わりましたか？

変わりました。最初のBiSの時は「ついていきまーす」という感じだったけど、いまは対等に話ができるようになりました。渡辺さんに言われて「グループを作る」という経験をしたから、いまでも関係が切れないで、立場が変わっても一緒に仕事ができている。プー・ルイとは強い縁を感じます。得意なことが逆だからバランスもとれるし、プー・ルイが歌ってくれることで、自分の思いが乗る気がするんです。勝手に一緒に歌っている気持ちでいます（笑）。

――#ババババンビをはじめとしてWACK色のないグループとも仕事をしてますよね。

グループによってこんなに違うんだという驚きはあります。アプガさん（アップアップガールズ（仮））に振り付けさせてもらって。（関根）梓ちゃん以外のメンバーは新しく入った子たちなのに、めっちゃアプガさんなんですよ。「カッコいい！」と感動しました。文化がしっかり根付いていることに心が動かされました。雨模様のソラリスというディステージさんとパーフェクトミュージックさんによるグループの振り付けもやらせていただいたんですけど、やっぱりディアステさんの文化を感じて。そこにグッときます。それぞれの歴史や文化が残っているところに「アイドルって最高だな。アイドルが好きな自分でよかった」と思うんです。昔は「かわいい!」だけだったけど、いまはもっと深い部分までアイドルを好きになれました。

――いまは、この先のアイドルブームに種を蒔いている状態でしょうか。

PIGGSはコロナから始まったグループで、お客さんが声を出すライブを知らないんですよ。もし声が出せるようになったらどうなっちゃうんだろう。その爆発って、いままで見たことのないものになる気がするんです。そこからアイドルシーンがいま以上に熱狂的なものになるといいなと思います。

――最後にお聞きしたいのですが、最初のBiSの時、このままアイドル界の天下を獲るんじゃないかという感覚はあったんですか?

そこは無自覚でした。だからこその強さもあったんじゃないかと思います。当時のメンバーと解散ライブの映像を観た時、みんながあまりに自信満々だから笑っちゃったんです(笑)。あんなにダンスもバラバラだし、歌えてないのに。あの頃のBiSには得体のしれない強さが渦巻いていたのかなと思います。傷だらけだったことに気がつかずに走り続けていたんです。

「自分にとっての青春はアイドルネッサンスだったので後悔はないです」

南端まいな（アイドルネッサンス／2014～2018年在籍）

ファンの〝失われた青春〟と共にあったグループ

10年代は、「多様性」という言葉を先取りするかのように個性の異なるアイドルグループが次々と結成された。

僕は、キレイなお姉さんがそろったpredia（11年結成）、農業体験が話題になったAeLL.（11年結成）、ハロプロエッグ出身でアスリート系のアップアップガールズ（仮）（12年結成）、平祐奈と岡本夏美が在籍していたおはガールちゅ！ちゅ！ちゅ！（12年結成）、「ポジティブな2軍アイドル」がキャッチフレーズの乙女新党（12年結成）、釣り×アイドルのつりビット（13年結成）、オスカープロモーション所属のX21（13年結成）、ビーイング所属のLa PomPon（13年結成）などのグループを取材した。

ファンの嗜好も細分化された。13年頃からは、TIFに出演しているグループをすべて把握しているアイドルファンはいなくなったんじゃないかと思う。それでも、東京女子流『おんなじキモチ』やBiS『nerve』といったアンセムが聴こえると、老いも若きも、好きなグループがそれぞれ違うファンたちが、民族大移動のように野外のスマイルガーデンに集まった。

そんな時代にアイドルファンの共通言語になりそうなグループが誕生した。ソニー・

ミュージックアーティスツ（SMA）が手掛けたアイドルネッサンスだ。14年5月に誕生したアイドルネッサンスは、Base Ball Bearの『17才』を皮切りに、原田真二からKANABOONまで、過去の楽曲を歌とダンスで表現する「名曲ルネッサンス」をテーマに活動する。

センスのいいカバー選曲と対照的に、メンバーたちは無垢なイメージだった。衣装は白がスタンダード。初めてのMV『17才』を観た時の純粋なリアクションは、カメラに撮影され、公式YouTubeチャンネルに公開された。

僕は『TopYell』14年11月号で初めてアイドルネッサンスを取材した時に、「想像以上のピュアネスに驚いた。取材前には彼女たちがいる部屋から楽しそうに歌ってる声が聴こえてくるし、プレゼント用チェキを撮ったら浮かび上がってくる瞬間を見るのが初めてらしく大感激してる」とツイートした（14年9月15日）。

「あの頃のカバー曲」と「無垢なイメージ」から、アイドルネッサンスのライブを観ることで、失われた青春を取り戻したような感覚になった人も多いはずだ。

僕はプライベートでもアイドルネッサンスのライブに足を運んだ。石野理子さんの透き通った切ない歌声は心地よかったが、個人的には南端まいなさんの存在に惹かれた。16年8月13日に仙台までライブを観に行った時は「南端さんの透明感と浮遊感はずっと観ていられる」とツイートしている。

17年8月には新たな挑戦として、小出祐介（Base Ball Bear）制作のオリジナル曲『前髪』を含めたミニアルバム『前髪がゆれる』をリリースした（オリコン最高30位）。オリジナル曲もまた、名曲だった。しかし、18年2月、「状況を大きく打開し、ブレイクスルーさせることが出来ませんでした」（アイドルネッサンス運営の発表）という理由から、アイドルネッサンスは横浜ベイホールで行われたライブを最後に解散する。

解散後、南端さんはソロアーティストとして活動を開始。18年8月には『センチメートル』を配信限定でリリースし、19年夏にはドラマ『ノーサイドゲーム』（ＴＢＳ）に出演した。南端さんの取材は、新型コロナウイルス感染症の流行による最初の緊急事態宣言が解除されたばかりの東京・赤坂で行われた。

――アイドルネッサンスに加入前、南端さんはどんな少女時代を送っていましたか？

小学生の時は目立つのが好きで、応援団をやったり、委員長をやったり、人前に立つことが好きだったんです。小学6年生の頃、芸能活動に興味を持ってオーディションを受け始めたんですけど、芸能界に興味のない家族は「どうした？」とざわつきました（笑）。

――芸能活動に興味を持ったきっかけを教えてください。

北川景子さんの演技に惹かれて、そのキラキラした世界に自分も入りたいと思ったんです。当時、北川景子さんが理想の女性像でした。

――アイドルに興味はなかったですか？

それが全然知らなくて。小学生の頃がＡＫＢ48ブームで、まわりのみんながＣＤを買ったり、カードを集めたりしているなか、私は父の影響で好きになったラグビーのグッズを集めてました（笑）。音楽にしても、父の影響で同年代の子が聴かないような曲が好きだったんです。

――どんな曲を聴いてました？

チャゲ＆飛鳥さんや広瀬香美さん、松任谷由実さんが好きでしたね。

――自分で歌うことは好きでしたか？

歌うことも好きで、家族と長野県の菅平高原まで車で移動中に、窓を開けて宇多田ヒカルさんの曲を歌ったことを覚えてます（笑）。

――中学2年生で受けたSMAのオーディションがアイドルネッサンス加入のきっかけになったそうですが。

私は「女優志望」だったんですけど、それだけじゃなくて「シンガー志望」や「タレント志望」といった方まで幅広く募っていたオーディションを受けたところ、私は落ちてしまって。だけど、ＳＭＡさんから後日連絡をいただいて「アイドルをやってみませんか？」と声をかけていただいたんです。

――それでアイドルネッサンスの候補生となって、正規メンバーになるための期間があったんですよね。

アイドルのことを何も知らなかったので、面接していただいた方に「アイドルって何をするんですか？」と聞いてしまったんです。「アイドルは歌唱力も演技力もタレント性も求められるけど、その分、いろんなことができるんだよ」という答えをもらって、いろんなことに挑戦できるジャンルなんだと前向きになりました。

――アイドルネッサンスが正式に結成されて、自分以外のメンバーを見た時にどう感じましたか？

候補生の頃から、アクターズスクール広島で歌やダンスの経験がある石野理子や読者モデルを務めていた百岡今宵からは人前で何かを表現できるオーラを感じていたので、「私がこんなところにいていいのかな」と困惑しました。自分だけなんの特徴もないし、目立ったキャラもないし、経験だってない。最初の頃はいつも隅っこにいたことを覚えてます。

──客観的に見ると、アイドルネッサンスのメンバーはみんな素朴な印象がありました。

確かに擦れてない子が多かったと思います。最初は経験のある子たちに委縮してたんですけど、正式メンバーとしての活動が始まって、一緒にレッスンを受けたり、週末にはさまざまなイベントに出演するようになると、自分と離れているわけじゃなくて共に学んで戦っていく仲間なんだと知りました。

──「こんなところにいていいのかな」は払拭されましたか？

ただ、他のアイドルグループを見ると、また「こんなところにいていいのかな」と思うようになるんです。アイドルさんって短いスカートをはいたり、髪を巻いたり、ツインテールにしていたり、キラキラしているけど、自分は素朴すぎるんじゃないか。そんな悩みをスタッフさんに話すと、「アイドルネッサンスはメイクもカラコンもしないでいいし、無理にオシャレを勉強しなくても大丈夫」と言われて、「自分のままでいいんだ」と思えたんです。

──アイドルネッサンスといえば「白の制服衣装」というイメージも強いです。

当時、少女漫画が好きだったので、その世界に出てくるような「白の制服衣装」は好きでした。プライベートで着る服は黒くなっていきましたけど（笑）。ただ、メンバー全員が白の制服衣装だったので、何かキャラがないと目立つことができないと思って。自分の個性には悩みました。

――MCの最後に「待ってるにゃあ」と言うようなアイドル性が南端さんの個性だったのかなと思ってました。

「待ってるにゃあ」は私が考えたわけじゃないんです。スタッフさんの方から「MCで『特典会にきてください』と言ってほしい」と頼まれて、私は普通に言おうと思っていたけど、当時のボイストレーニングの先生から「まいならしい何かをやってみたらいいんじゃない？」と言われたんです。本番直前まで「私らしさってなんだろう」と悩んでいたら、その先生に「猫好きなんだし、語尾に『にゃあ』をつければいいんじゃない？」と提案されて、「待ってるにゃあ」が生まれました（笑）。

――恥ずかしさは……。

ありました（笑）。もともとそんな性格でもないので、最初は「にゃあ……？」と思ったんです。でも、初めてやった時にお客さんがザワザワして、「こんな子なんだ！」とインパクトを与えることができて。その後もイベントでやっていくうちに「『待ってるにゃあ』の子だ」と覚えてもらえるようになったんです。ボイトレの先生には感謝してます。

――他のメンバーから「アイドルっぽい」と言われることも多かったですよね。

全然自覚はなかったです。逆に、自分はアイドルっぽくないと思っていたくらいで。ただ、ダンスが上手い子やしゃべれる子は目立てるけど、私にはそれがないのでアイドル感を出していくしか目立てる方法がなかったんです。あの頃はいろんなアイドルを見て研究していました。

――そもそもアイドルネッサンス自体がいわゆるアイドルっぽさがないグループだったと思います。

そうでした。かわいくてキラキラしているグループとは違うなって。対バンやフェスで一緒になったアイドルの方たちを見て「羨ましいな」と思うこともありました（笑）。私は「目が小さい」というコンプレックスがあるんですけど、それもメイクで隠せるじゃないですか。一度だけスタッフの方に相談したんです。「目が小さいことがコンプレックスなので、ちょっとだけメイクをさせてもらえないですか？」って。そして、スタッフの方と話し合いをして、「アイドルネッサンスのメンバーとしてはこのくらい」ということで越えてはいけないラインを決めて、そこは納得しました。アイドルネッサンスのファンの方たちも私たちの素朴な感じが好きでいてくれたから「これでいいんだな」と思いつつ、時折「でもな…」と思う時もあって、常に葛藤を抱えていたんです。ただ、衣装やメイク以外は個性を出してもかまわないと、けっこう自由にさせてもらっていたのでスタッフの方への不満はなかったです。

——アイドルネッサンスといえば、「古今の名曲を独自の歌とダンスで表現する〝名曲ルネッサンス〟」をコンセプトに数々のカバー曲を歌ってきたグループです。

ディレクターの照井（紀臣）さんに曲の背景と内容を聞かせてもらい、その後、歌詞を朗読したり、1曲1曲を理解したうえで歌わせていただきました。ファンの方から「青春の1ページを見させてもらってる」と言われると幸せな気持ちになれました。

——「アイドルネッサンスはカバー曲でいくから」という説明があったんですか？

実際に候補生期間が終わってアイドルネッサンスがスタートするときにスタッフさんから説明していただきました。候補生オーディション時の課題曲としてカバー曲をたくさん歌っていたのですが、そこで課題曲として歌った「17才」がとっても良かったみたいで、アイドルネッサンスのカバーコンセプトのインスピレーションの根源になったと聞きました。

——その『17才』はどんな気持ちで歌っていましたか？

はじめは歌っていてもイメージが沸かなくて、自分がその中心にいるような曲なのにそんな感じがなかったんです。でも、歌う回数を重ねていくと「17才ってキラキラしている時期なんだな」と理解できました。

——その理解は南端さんの17才に間に合いました？

間に合いました（笑）。

——『17才』のミュージックビデオをみんなで観て、そのリアクションがYouTubeにアップされました。

映像の中にいる自分を観ることが初めてだったので、素の驚きと感動とうれしさがそのまま映っていたと思います。

——アイドルネッサンスは撮影の裏側や楽屋での様子などが毎日のようにYouTubeにアップされていたので、メンバーの近くにはいつもカメラがある状態だったと思います。

そうでしたね。最初は撮影されていることに慣れなくて、「やめてください」と言ったこともあるんです。だけど、いつもカメラを回してくださっているし、メンバー同士で撮影することもあったので、どんどん慣れて気づいたらカメラがあるのは当然になっていました。

——両親の影響もあってカバー曲はすんなり受け入れられましたか？

はい。それに、スタッフの方からはカバーした曲以外にもオススメの曲を教えてもらったり、初期のボイトレの先生からもそれぞれのメンバーに合った5曲を教えてもらったり、さまざまな曲に触れる機会が多くて。アイドルネッサンスにいることで音楽がもっと好きになりました。

——「オリジナル曲がほしいな」という気持ちは……。

他のアイドルの方たちを見てきて「オリジナル曲っていいな」と思うこともありました。アイドルとファンの想いがひとつになった曲なんだろうなって。ただ、カバー曲でも原田真二さんの『タイムトラベル』であったり、知らない曲がいくつもあって。私たちにとってはそれが新しい曲だったんです。

——「カバー曲だからファンになった」という方も多かったと思います。

カバーさせていただいたアーティストの方のライブを観ていたという方がアイドルネッサンスのファンになったケースは多かったです。アイドルネッサンス版の曲に触れて「自分の思い出と新しい思い出が一緒になって楽しめたよ」と言ってくださった時は、「ただカバーするんじゃなくて、自分たちにしかできない歌い方や届け方ができたんだな」とうれしくなりました。

——印象に残ってるライブを教えてください。

初期の頃、真心ブラザーズさんのライブにゲストで出演させていただいたことがあったんです。まだ結成されて間もない頃でライブに来てくれるファンの方も少なくて、アウェイのなかのライブであることはわかっていたんですけど、ステージに立った時にやっぱり寂しくなって、「自分たちはまだまだなんだ」と現実を見せつけられたように感じました。だけど、決して多くはないファンの方たちがアイドルネッサンスのTシャツを着て、タオルを持って、声を出しながら応援してくださっている姿を観て、

「相当な勇気がいることだろうな」と思ったんです。ファンの方たちの愛の大きさを知って、「この人たちに恩返しできるようなグループになりたい」と、このライブからガラッと意識が変わったんです。

——ファンの方からの愛を重く感じることもなく。

なかったですよ（笑）。アイドルネッサンスのことを思ってくださる方がいることで、自分たちでも気づけないところに気がつくことができたので。ファンの方から意見をいただくと「そうなんだ。じゃあ、こうしてみよう」と勉強になりました。

——学校との両立はできましたか？

スタッフの方たちに考慮していただいて学校に通うことができました。アイドルネッサンスのライブが土日に多いので、学校の行事には出られないこともあったけど、自分にとっての青春はアイドルネッサンスだったので後悔はないです。

——いわゆるアイドル戦国時代でしたが、他のグループは意識していましたか？

ＴＩＦのメインステージ争奪戦みたいな、グループ同士が競って1位を決める時はライバル意識があったけど、常にそうだったわけじゃないです。アイドルネッサンスのコンセプトを気に入ってくださったお客さんにもっと好きになってもらいたかったので、他のグループにライバル意識はありませんでした。逆に仲良くしたいなと思ったくらいで。お友達は全然できなかったけど（笑）。

——社交的ではなかったんですね。

すごい人見知りで、自分から話しかけることができないんです。自分をさらけ出すことが苦手で、人と話す時も壁を作ってしまうから、「仲良くなりたい」という視線だけ送っていました。他のグループの子と仲がいいメンバーがうらやましかったです。

——デビューから3年後、17年4月に初めてのオリジナル曲『交感ノート』を披露しました。

それまでは既存の曲に自分たちの想いを重ねてきたけど、『交感ノート』は小出（祐介）さんが私たちにあてて書いてくださったので、自分たちだけの想いで歌うことができました。

——石野さんをはじめとして、他のメンバーを見て「すごいな」と思うことはありましたか？

ありました。ただ、最後のライブで小出さんが「いい意味で、最後まで完成されてないライブだった」と言ってくださって。「それでよかったんだ」と思いました。石野の歌い方には個性があるし、キレイな歌声だと思うんです。だけど、私がその時に悩みながら歌っていたことが自分の個性になっていたんだなと腑に落ちて。小出さんからは最後まで教わりっぱなしでした。

——18年1月20日に公式サイトにて解散を発表されましたが、何かきっかけがあったのでしょうか？

解散は何か大きなきっかけがあったわけではなくて、メンバーとスタッフの方で話し合って決めたことなんです。個人的にはもっと続けたかったし、「日本各地のファンの方に会いに行きたい」という夢もあったので、「悔しい」という気持ちはありました。でも、メンバーそれぞれいろんなことを考える時期に差し掛かっていたので仕方ないかなって。発表からライブまで短かったので、ファンの方には申し訳ない気持ちでいっぱいでした。

——20歳、あるいは25歳の南端さんが踊るアイドルネッサンスは想像できていましたか？

想像できていませんでした。解散の話が出る前に、「高校を卒業したらアイドルネッサンスはどうしよう」と考えていたくらいですから。もし解散にならなかったらどうしていたのか、自分にもわかりません。ファンの方の中には「あの時期に終わったから青春の1ページを見せてもらうことができた」と言ってくださる方もいて、「そういう見方もあるんだな」と思いました。

——18年2月24日解散ライブでは、「申し訳ない」と思っていたファンの方たちの顔を見ることはできましたか？

全然見ることができなかったです（笑）。ダンスの先生に「終わるまで泣かないでほしい」「最後までやりとげてから泣くなら泣きなさい」と言われて、「はい」と答えたんですけど、始まる前からステージの袖で号泣してました。涙を拭いてステージに立ったんですけど、明転してファンの方たちの顔が見えた瞬間にまた涙が溢れてきて。1曲目からずーっと泣いてました。悲しい気持ちと申し訳ない気持ちが一緒になったんです。

――解散ライブ終了後、メンバー同士で話しましたか?

ライブが終わった後、みんなで固まって泣きました。号泣です(笑)。最後のステージというのもあるし、次の夢に目を向けているメンバーがいるので、同じ方向を見ることがこれで最後だと思うと涙が溢れました。

――解散後のことは考えてなかったそうですが。

最後のライブまでアイドルネッサンスをやりきろうと、何の準備もしていませんでした。いままでの集大成を見せて、ファンの方に感謝を伝えようと思っていたので、解散ライブの先は何も考えていなかったんです。だから、ライブが終わってメンバーと別れた時に「この先どうしよう!」となって(笑)。

――それだけアイドルネッサンスが大きな存在だったんですね。

自分の真ん中がポカリと空いた感じでした。高校卒業のタイミングでもあったので、解散ライブから1ヵ月くらいはひたすら焦って。それまで見ていた道が閉ざされてしまったので、「これからどこを見ればいいんだろう」「自分に何がやりたいんだろう」と考えた時、私の中で浮かび上がったのが「歌」でした。ＳＭＡでお世話になったスタッフの方がご厚意で動いてくださって、いまの事務所を紹介していただいたんです。

――芸能の世界は厳しそうだなと考えることはなかったですか?

就職活動して社会人として働くことも想像したけど、自分にできることを考えた時に「こっちじゃないな」と思って。まだ歌に対する未練があったんでしょうね。

――他のメンバーの動向は気になりましたか?

気になりました。普段からメンバーと連絡をとるほうじゃなかったので、どうするのか知らないことが多かったんです。だから、「あの子は何をやっているんだろうな」と思ってました。たまにツイッターのタイムラインで流れてきて、「石野、バンドに入ったの!?」っていう(笑)。

――現在はソロアーティストとして活動されていますが、グループ時代より自己主張も必要だと思います。

はい。グループの時は決められたダンスがあって、しゃべってくれるメンバーもいたので、自分から率先して話す機会があまり無かったんです。だけど、ソロになって「どう動いたらいいのか」「何をしゃべったらいいのか」を悩んだし、これまで甘えていたんだなと思いました。

――グループ時代は「人見知りだった」という話もありましたが、そこは変わっていないですか？

ソロになっても自分が壁を作っていたら、初見で好きになってもらえないので。自分を紹介できるのは自分しかいないと思ってからは、自分から壁を壊すことができました。スタッフの方との関係でもそう。歌いたい曲や衣装といった「観てもらいたい自分」を常にスタッフさんに伝えるようになりました。

――アイドルネッサンスの時の自分からイメージを変えようとは思いましたか？

それはなかったです（笑）。いまの事務所の方が私の歌声を評価してくださって。「自然体の自分でいいんだ」と思ったんです。アイドルネッサンスの時も自分を作っていたわけじゃなくて、そのままの自分が努力している姿を見せてきたので、あの時の自分が一歩踏み出して成長した部分を見てほしいと思いながらやってます。

――ソロとして定期的にライブを行なってきましたが、3月以降は新型コロナ感染拡大の影響から配信ライブにせざるを得ない状況になっています。

普段のライブだったら目の前にお客さんがいて、すぐに反応が返ってくるので、その瞬間を一緒にすごしている感覚になれるんです。だけど、配信ライブだと画面を通した形になるので、一体感を出すことの難しさはあります。工夫しだいで変わっていくと思うので、いまは試行錯誤してるところです。

——ソロになってから趣味のラグビーに関する仕事も増えたと思います。

はい。ソロになってからラグビーのお仕事の話をいただけるようになって。ラジオ番組やイベントに呼ばれたり、ドラマ『ノーサイドゲーム』（TBS）に出演させていただきました。そういう面では自由に動けるようになったのかなと思います。グループの時は私自身が「アイドルネッサンスにラグビーってイメージ的にどうなんだろう？」と思っていたので（笑）。

——南端さんが思うラグビーの魅力は？

〝強さ〟です。ラグビーは見た目もそうですが、心も強くないとできないスポーツなんです。防具をつけずに身ひとつでガタイのいい選手にブツかっていく。その勇気ってすごいじゃないですか。本当にケガが多いスポーツなんですけど、ケガをしないためにも常に全力で鍛えている毎日を考えると、本当に強いなぁと思います。自分に厳しくないと強くなれないスポーツなんです。自分も影響を受けて、弱気になっている時にラグビーを観ると「なんでこんな小さなことに悩んでいたんだろう」と思えるんです。

——『ノーサイドゲーム』に出演したことで、もともとの夢だった女優にも近づきました。

はい。小さい頃からの夢だったお芝居はやっぱり楽しかったので、機会があればまたやらせていただきたいです。ドラマの撮影期間はライブができなくて、ファンの方をお待たせしてしまったけど、撮影の中で「自分はこう表現したい」と思ったことが映像ではすごく小さく映って「伝わってこないな」と思ったんです。「表現をもっと研究しなきゃいけない」と考えられるようになったことは、アーティストとしても勉強になりました。

――アーティストとしての目標を教えてください。

たくさんの方に私の歌を聴いてほしいです。歌以外の露出が増えているので、そこで気になった方に曲を聴いてもらいたいなと思ってます

――いま振り返るとアイドルネッサンスはどんな存在でしたか？

メンバー全員がひとつの目標を見て、必死に努力して、何か成果を得た時に喜べて、挫折した時にはみんなで悩んで。グループで活動している時は必死だったから、そんなことを考える余裕もなかったけど、解散した後にアイドルネッサンスが青春だったんだなと気づきました。

「私は卒業ライブをやりたいと思っていたので、悔いが残ってます」

広瀬晏夕（東京パフォーマンスドール／2013～2018年在籍）

アイドル戦国時代に蘇った〝冬の時代〟の遺伝子

13年6月、東京パフォーマンスドール（以下、ＴＰＤ）の「復活」が発表された。先代のＴＰＤは、90年6月からノンストップで歌とダンスを繰り広げるダンスサミットを原宿RUIDOで定期的に開催。口コミでファンを増やすと、「アイドル冬の時代」と言われる90年代ながら、日本武道館2Days公演（93年8月16日、17日）や横浜アリーナ公演（94年8月7日）を成功させたグループで、篠原涼子さんや市井由理さん、穴井夕子さんが所属していた。

僕は先代のＴＰＤを現場で観ることができなかったからこそ、新生ＴＰＤに興味を持ち、渋谷の劇場「ＣＢＧＫシブゲキ!!」に初回の公演（13年8月15日）を観に行った。最先端のプロジェクションマッピングをふんだんに使ったステージで躍動するメンバーたちを観て、新生ＴＰＤはアイドル戦国時代に足跡を残すと思った。

すでにアイドルは飽和状態だった。しかし、旧ＴＰＤの固定ファンを抱えながら、ノウハウのあるソニーとＣＵＢＥ（事務所）が最新の技術を取り入れたライブを武器に上手く運営するだろう、と考えたからだ。

先代の曲をカバーし、演劇とライブを融合させた「PLAY×LIVE『1×0』（ワンバイゼロ）」公演を行ないながら、オリジナル曲を増やしていった新生ＴＰＤ。洗練されたパフォーマンスでＴＩＦなどの対バンイベントでもインパクトを残すと、17年3月26日には中野サンプラザのステージに立った。

新生ＴＰＤのメンバーはそれぞれポテンシャルが高く、ライブでは基本的にノンストップでパフォーマンスするため、取材していると既存のアイドルとは違うストイックさを感じる瞬間があった。メンバーに聞くと、「ノンストップで踊ることがライブだと思っていて、他のやり方を知らなかった」（『ＥＸ大衆』21年10月号）という。

新生ＴＰＤのライブで目を引いたのが小林晏夕さんのダンスだった。振り付け師の竹中夏海さんも「吸収力、対応力、表現力が素晴らしい。『こういうパフォーマンスをする子がいたんだ！』と新発見でした」と絶賛していた（『Top Yell』15年9月号）。17年2月26日に恵比寿リキッドルームで行なわれたライブを観た後、僕は「小林晏夕さんってあんなに野性的だったかなぁと。振り乱した髪が顔にかかってもあえて気にせず踊る姿にやられた。回転も高速かつ美しい」とツイートした。

しかし、小林さんは17年11月から活動を休止すると、そのままフェードアウト。18年4月19日の公演をもって、飯田桜子さん、神宮沙紀さんとともに卒業することになったが、ライブに出演した2人と異なり、小林さんは「私は、歌って踊ることがなによりも大好きなので、また新たなステージに立てるように前を向いて頑張っていきます」

というメッセージを残すのみだった。

芸能の世界から消えてしまうのではないか、そう危惧していたが20年、彼女は「広瀬晏夕」に改名して（総合格闘技）RIZINガールのオーディションに参加。僕は、すぐに広瀬晏夕さんのツイッターアカウントをフォローした。

——広瀬さんは小さい頃にアイドルを観ていたんですか？

幼稚園の頃はミニモニ。が好きで、よく歌っていたことを覚えてます。ただ、小学生になってからはファッション雑誌のキッズモデルを始めて「ランウェイを歩きたい」という気持ちが強くなったので、「アイドルになりたい」というのはなかったんです。

——キッズモデルになった経緯を教えてください。

10歳だったかな、友達の家にお泊まりした時に『ニコプチ』を読んで「小学生がこんなにオシャレを楽しんでいるんだ！」と驚いたんです。クラシックバレエの発表会で人前に立つことが好きだったんですけど、芸能界に入るつもりはなくて。でも、『ニコプチ』のモデルオーディションのページを見た時に直感が働いて、両親も「サポートする」と言ってくれたので、ダメもとで応募したんです。グランプリは獲れなかったけど、読者モデルとして『ニコプチ』に呼んでもらえるようになって、読者モデルの神７に選抜されました。その頃は、同世代の子から毎月１００通くらいファンレターが送られてきて、アメーバブログの小学生ランキングで何度も1位になったんです。

——その頃、学校ではどんな存在だったんですか？

読者モデルをやってたからスクールカースト上位に思われがちですが、そんなことはなくて。学校では目立たないようにしていました。

——同級生からの〝やっかみ〟はありました？

当時のことは記憶がないというか、忘れたいんです。酷いイジメに遭っていたわけじゃないんですけど、口をきいてくれないとか、まあ、そのレベルなんですけど。中学校に入ると、同じクラスに地元・静岡のローカルアイドルのメンバーがいて、まだデビューしていなかった私はそういったことから比べられることもありました。その頃にはオーディションに合格していたので、東京に行くことを目標にレッスンを頑張っていました。中学2年生の途中から芸能コースのある東京の学校に編入すると、まわりにいるアイドルや女優の方たちはみんな優しくて。地元での妬みがなんてちっぽけなんだと気づいたんです。自分のこともちっぽけに見えて、「もっと頑張らなきゃ」と刺激を受けました。

――先ほど話に出たクラシックバレエは、いつから始めていたんですか?

4歳から中学生までクラシックバレエを習っていたんです。たくさんのプロを輩出している厳しいバレエ団でした。主役にはなれなくて、例えば「くるみ割り人形」だったら兵隊の役でしたが、週末は1日中レッスンして、それが自分にとって価値のある時間だったんです。小学5年生からはヒップホップダンスとジャズダンスを習い始めたんですけど、クラシックバレエを習っていたおかげで体の軸ができていたので、すぐに馴染めました。

――バレエは親から言われて?

いや、自分からなんです。モデルもそうなんですけど、親にやらされたことはひとつもなくて。小学生ながら勉強よりも芸事のほうが自分はキラキラできるんだと自覚していました。

――東京パフォーマンスドールには、オーディションで入ったんですよね。

中学1年生の終わりくらいに中学生向けファッション誌のモデルオーディションの最終選考を東京で受けたんですけど、かわいい子ばかりで自信を喪失して。母が私を元気づけるために「１０９で買い物をしよう」と渋谷に行った時、ロッテさんとコラボしたソニーミュージックの公開オーディションをやっていたんです。「夢がある子ならジャンルを問わない」と書いてあったので、軽い気持ちで受けてみたら、その時は自己紹介して写真を撮っただけだったんですけど、すぐに電話があって、静岡のオーディションに呼ばれたんです。まわりはブリブリのアイドルのような子ばかりだったけど、私は「モデル」のオーディションだと思っていたので、おでこを全開にしてスタイルがわかるような服で参加したら、審査員の方に「アイドルには興味がないんですか？」と聞かれて。「ブリブリのアイドルには興味はないんですけど、ＫＡＲＡさんや少女時代さんのようなカッコいいアイドルに憧れています」と話しました。その後、東京での2次審査にも合格して、10数名いる候補生のひとりとして1年間、歌とダンスのレッスンを受けることになったんです。

――「アイドルになるつもりはないんだけどな」という気持ちにはなりませんでしたか？

それはあって。スタッフの方に「モデルをやりたいんです」と伝えたら、「まずは歌と踊りを頑張ってみよう。そのうえでモデルや女優、タレントを目指せばいいから」と言われたんです。ごまかされたのかなと思いつつ（笑）、レッスンを受けていくうちに楽しさに目覚めて、「もっと上手くなりたい」と思うようになったんです。

――「候補生の中から勝ち残りたい」という気持ちは？

勝ち残りたいというか、絶対に残る自信があったんです。結果が出た時も、自分がストイックにやってきたことが評価されたんだなと思いました。そこで残った6人と、他のオーディションで受かったメンバーがＴＰＤになったんです。

――最終的に集まったメンバーを見て、どう思いましたか？

全員かわいいけど、見た目はバラバラで、最強のグループができたんじゃないかと思っていました。ただ、それまでグループ名を知らなかったので、スタッフの方たちから「あなたたちは東京パフォーマンスドールです」と言われた時は、「ポカーン」とするしかなくて。まだ自分が生まれていない頃に活躍していたグループだから、名前を聞いたこともなかったんです。母に「東京パフォーマンスドールというグループに入った」と話したら、すごく驚かれて。調べたら、篠原涼子さんをはじめとして素晴らしい方たちが所属していたグループだと知ったんです。

——運営の方たちは、アイドルじゃなくてパフォーマンスグループであることをメンバーに話していたそうですが。

それを聞いて、私が憧れていた少女時代さんやＫＡＲＡさんのようなパフォーマンスができそうだなと思いました。白い衣装は何にも染まっていないようで、ブリブリのアイドルではなく、新しいアイドル像を切り拓いていけるんじゃないかとワクワクしたんです。ＣＤデビューまでの1年間は、歌とダンスと演劇、さらにプロジェクションマッピングを融合させたPLAY × LIVE「1×0」（ワンバイゼロ）を公演しながらパフォーマンスを磨きました。その頃がいわゆる「下積み」で、渋谷のセンター街でチラシを配ったこともあったんです。受け取ってくれない人ばかりで、たまに「東京パフォーマンスドールじゃん」と声をかけられても、当時のメンバーは誰もいないから「どういうこと?」と言われて。

——お芝居は「1×0」公演で初めて挑戦したんですよね。

「1×0」はエピソード1から5まであって、エピソードごとに2人ずつ主役がキャスティングされるんですけど、私はエピソード1の主役で、演技経験がないうえに、お手本もなくて、自分が棒読みかどうかもわからない状態でスタートしたんです。もちろん演出家の方はいるんですけど、自分たちでアイデアを出して、映像とつながるような動きを考えなきゃいけないので、演劇パートは苦労しました。

——「1×0」の演出は、東京2020パラリンピック開会式が話題になったウォーリー木下さんでした。

ウォーリー木下さんはすべてにおいてストイックな方で、メンバーの意識を高めてくれる方でした。ＴＰＤとのつかず離れずの距離感が心地よくて、メンバーが素直な意見を言いやすい環境を作ってくださったんです。パラリンピックの開会式で素晴らしい演出をされた方とお仕事ができたことは誇りに思います。

——「1×0」ではプロジェクションマッピングが導入されていて、当時の最先端の演出だったと思います。

いまでこそいろんなアーティストの方が取り入れていますけど、映像との融合はかなり早かったと思います。いろんな人に知ってほしい…いまでいうと「バズってほしい」気持ちがありました。

——ライブは「ダンスサミット」と呼ばれるノンストップでのパフォーマンスでした。

先代ＴＰＤの武道館ライブの映像を観て、「私たちはこんなすごいことに挑戦するんだ」と唖然としたことを覚えてます。ノンストップなので早着替え、ＭＣもないし。ただ歌って踊ればいいだけじゃなくて、それぞれの動線を把握して、ひとりでも間違えたらすべてが狂ってしまう状況だったので、緊張感は高かったです。ただ、他のアイドルのライブをほぼ観たことがなかったので、ノンストップでパフォーマンスすることが普通だと思っていたんです。当時は目の前のことに必死でした。

――先代TPDにはどんな想いがありますか？

先代の方たちがいてこその新生TPDで、最初から先代のファンの方たちが「当時の曲が聴ける」とライブに来てくださって、定期的に公演を行なっていたシブゲキ（CBGKシブゲキ!!）がある程度埋まった状態からスタートできたことは幸運だったと思います。自信を持つことができたし、「もっといいパフォーマンスをしたい」という向上心につながったんです。環境に感謝してます。

――先代のファンの方たちの目は厳しくなかったですか？

少しでも「違う」と思われたら離れていってしまうだろうし、ガッカリさせないようなパフォーマンスをしようと心がけていました。かといって、「新生」としての色をなくすことは違うなと思って。「いいところは継承して、自分たちの色に塗り替えていきたい」という想いだったし、みなさんもそんな私たちを応援してくれていたんです。いい意味で先代を意識することなく、「小林晏夕」としてパフォーマンスしていました。穴井夕子さんの楽曲のリアレンジを歌わせていただくことが多かったんですけど、「穴井さんに寄せよう」というのではなくて、「自分の色にしていきたい」と思っていたんです。

——広瀬さんはＴＰＤの中でも特にダンスが上手いメンバーという印象がありました。

ただ、ダンスのイメージが強い分、歌をフィーチャーされなくて。最初にいただいた先代の楽曲『ダイヤモンドは傷つかない』のリアレンジは、サビのダンスこそセンターになるんですけど、歌のパートをもらうことができなかったんです。それがすごい悔しくて、「絶対に歌メンに入りたい！」と歌唱力を磨くことにウェートをおいたんです。ＴＰＤはレコーディングしてから歌割りを決めるんですけど、次の『十代に罪はない』から歌割りをいただけるようになりました。

——自分の中で目標を設定して、解決していったんですね。

ライブにきてくれたみなさんが「この子が一番すごかった」と思ってもらえるようなパフォーマンスを目指しました。センターになりたい人間だったので、メンバーに負けたくない気持ちが強かったんです。

——メンバーは仲間でありライバルでもあるわけで、そのバランスは難しいところだと思います。

解散したから言えるんですけど、当時はメンバー全員で寮生活をしていたんです。退団するまでの6年間、一緒に共同生活をしていました。学校が一緒の子もいるから24時間、ずっと近くにメンバーがいる状態で過ごしていたんです。だから、意識的にプライベートな時間を作るようにしていました。仲は良かったんですけど、自分を含めて誰でも気分の波はあるわけで、例えば誰かが「今日、ダルいよね」と言ったら、その空気が伝染してしまうのが嫌だったんです。

——自分の気持ちが下がっていた時はどうしていました？

人に相談するタイプではないので、メンバーに話すことはなくて。それでも落ち込んでしまった時は、親に泣きながら電話をしていました。

——年に数回は親と対面して話すこともあったんですか？

ＴＰＤはとにかく休みがなかったんです。ライブがない日も学校が終わったら0時すぎまでレッスンがあって、年末もライブで、お正月に2、3日休みがあるのかなと思ったら、そこに取材が入って（笑）。だから、帰省して両親に会うこともできなくて。母が握手会に並んでくれたこともありました。

——じゃあ、夜遊びなんて。

しないですよ（笑）。寮が厳しかったし、東京のことを知らなかったので。体型維持に関しても厳しくて、朝昼晩に食べたものと体重をスタッフにメールしていたんです。「学校帰りにジャンクフードを食べたかったらグループをやめてください」と言われるくらいでしたから。「24時間、３６０度、カメラに撮られても問題ない生活をしなさい」とも言われてきて、プロ意識を植え付けてくれたスタッフの方たちには感謝してます。

――ストイックにパフォーマンスを追求するグループもあれば、違う部分で勝負しているグループもいて。後者のほうが人気になることもあるじゃないですか。

　ＴＰＤは特殊なグループだったので、他のグループを意識することがなかったんです。「私たちは私たち」と思っていました。

――以前、ＴＰＤのメンバーに取材した際、「他のアイドルと比べて、良くも悪くもキレイに収まりすぎているな、と思うこともありました。ノンストップライブが終わって、めちゃめちゃ疲れているのに、そんな素振りを見せないようにしていたんです。他のグループを観て、『心のままライブをしているから伝わるものがあるんだ』とわかったけど、それができない。『疲れてないよ！』と本心を隠してしまうんです」と話していましたが、広瀬さんはそう感じることはありましたか？

　私はそうは思わないです。プロとして当たり前のことをやってきたと思うし、それが他のグループとの違いで、そんなＴＰＤが好きな方たちが多かったと思うから。ノンストップライブだって、結果的に他のグループでも流行り出して、ＴＰＤはその先駆けだったじゃないですか。アイドル界に新しい道を切り拓いていくのがＴＰＤだったと思うんです。

――「もっとこうしていればＴＰＤはもう一段階上にいけた」という想いはないですか？

　うーん。バズることですかね（笑）。例えば、メンバーの誰かがＣＭに出て話題になるとか、そういうことが足りなかったんじゃないかなって。私自身、個人で活躍してグループに還元させることができなかった反省はあります。

――広瀬さんは、17年11月から活動を休止して、18年4月に卒業しました。

いろんな噂が流れたんですけど、みなさんが思っているようなことはないんです。「もっと上のレベルにいきたい」と考えていたタイミングで、グループの方向性やスタッフの方の編成が変わったことで、退団を決めました。

――お休みしていたから、精神面含めて体調を心配しましたが、大丈夫でしたか？

精神的にはキツい状態でした。人に相談せず、ひとりで抱え込むタイプなので……。お休みしていた時期は実家に引きこもっていました。ただ、活動休止中は退団を考えてなかったんです。

――卒業ライブができなかったことに後悔はありませんか？

私は卒業ライブをやりたいと思っていたので、悔いが残ってます。いまは吹っ切れているけど、同じ時期に卒業ライブができた2人と違って、メッセージを書いた紙だけで終わってしまって。ただ、そのメッセージを読んで私の復帰を待ってくれたファンの方もいるので、それだけでもよかったなと思います。普段エゴサはしないけど、誕生日の時だけ自分の名前を調べるんです。ファンの皆様からのお祝いメッセージに

「まだ待ってくれているんだ」と励みになりました。

――ＴＰＤ退団後、地元のカフェで働いていたんですよね。

退団後は2年間、表舞台には出ずにＳＮＳもやっていなかったんですけど、ファンの方が見つけ出したみたいで（苦笑）。当時は芸能活動を再開しようとは考えてなくて。本当に何をしたいのか、将来どうなりたいか、自分と向き合う時間がほしかったんです。まだ18歳で選択肢はたくさんあるし、社会経験もなかったので、地元のカフェでアルバイトを始めたんですけど、他人のお金に初めて触って、「こうやって経済は回っているんだ」と感じました。東京にいた時は学校とレッスン場と寮しか知らなかったので、社会の仕組みがわかったというか。

――別の形でアーティスト活動をしたい、という気持ちはなかったんですか？

最終的な目標として歌って踊れるアーティストになりたいというのはあったんですけど、すぐに何かをやりたいというのはなかったんです。ただ、レッスンは続けていました。

――20年に「広瀬晏夕」として芸能活動を再開します。

芸能活動をしていない2年間でサッカーや格闘技といったスポーツ観戦が好きになったんです。なかでも朝倉未来さんのYouTubeチャンネルを登録者数が５０００人くらいの時から観ていて。そこからRIZINに興味を持つようになったんですけど、大晦日の放送で選手たちの後ろに映るRIZINガールの凛とした姿にビビッときて、オーディションに挑戦したんです。

――そのオーディションは事務所のバックアップがあったわけではなく?

当時は事務所に入ってなかったんです。RIZINガールはプロアマ問わないオーディションだったので応募できました。SHOWROOMの配信を観た方が投票するシステムだったんですけど、2回目の配信でファンの方が見つけてくださって、たくさんの「おかえり」という声をいただきました。そのおかげでぶっちぎりで選ばれて、毎年楽しみにしていたRIZINのリングに上がることができました。人生って何が起きるのかわかりませんね(笑)。ＴＰＤの6年間にわたる活動の中で大切にしてきたファンの方たちとの時間が無駄じゃなかったんだと実感しました。「RIZINガールを選ぶ晏夕カッコいい」と言ってくださる方が多かったし、ＴＰＤ時代のイメージカラーだった紫のコスチュームだったことも喜んでくれました。

――アイドルと見せ方は違いますか?

アイドルの時は自分をアピールする形だったんですけど、RIZINガールや現在やらせていただいてるレースクイーンは、そのジャンルの魅力を伝えることが一番で、自分の役割はあくまでサポートなんです。そこにやりがいを感じてます。

――レースクイーンとして、日本レースクイーン大賞２０２１新人グランプリの東京中日スポーツ新人賞、サンケイスポーツレースクイーンAWARD2021グランプリを受賞しました。

1年でこんなに素晴らしい賞をいただけたことはファンのみなさんのおかげです。

――さらに、21年7月には清水エスパルスの広報部アンバサダーに就任しました。

静岡はサッカー王国だけあってJリーグのクラブが4チームあるのですが、幼少の頃から家族で清水エスパルスを応援していたこともあって、特に活動休止期間から熱心に試合を見るようになったんです。SNSを始めてからはエスパルスについてツイートすることが多くなりました。21年4月の開幕からは毎週末IAIスタジアム日本平に足を運ぶようになって。サポーターの方に「レースクイーンやってる子だよね？」と声をかけてもらえるようになったんです。エスパルスの広報に推薦してくださった方が多かったみたいで、アンバサダーに就任できたんです。

――それも事務所が営業したわけではなく？

純粋にエスパルスが好きでスタジアムに通っていたら要請があったんです。「にわか」「売名」と言われるかもしれないと思ったけど、J2降格の危機にあるチームを応援したかった。エスパルスだけでなく、Jリーグ全体が盛り上がるような活動をしていきたいと思ってます。

――TPDは21年9月をもって活動休止になりました。

正直、「私がいなくて上にいけるのかな」という気持ちもありました。グループの名前が途切れてしまうことは寂しいなと思います。ＴＰＤで活動してきたことは誇りだし、人生の中で価値のある時間を過ごさせていただきました。私がビッグになることで、「あの子って元ＴＰＤなんだ」と名前を知ってもらえたらいいなと思ってます。

——今後の目標を教えてください。

この2年で大好きになったスポーツの魅力をもっと伝えていきたいです。ゆくゆくはスポーツ番組のアシスタントになれるように勉強したいと思ってます。それと、いつかは歌って踊る姿をファンのみなさんに見せる機会を作れるよう頑張りたいです。

「私も感情を出しているつもりなんですけど、軽いように受け取られちゃうんですよね（笑）。悔しさを表現できる子が羨ましかった」

斉藤優里（乃木坂46／2011〜2019年在籍）

伴走者の気持ちになったグループ

インターネットが普及する前の80〜90年代、『週刊プロレス』では、読者の幻想を膨らませる試合レポートが掲載されていた。ただ展開を追うのではなく、記者の主観でストーリーを浮かび上がらせる記事は、「活字プロレス」と呼ばれていた。

「活字アイドル」というジャンルがあるとすれば、火を点けたのは『BUBKA』の編集者やライターによる48グループの座談会だろう（その源流は00年代のハロプロ記事にあるが）。AKB48選抜総選挙が前田敦子さんと大島優子さんのトップ争いで盛り上がっている頃、『BUBKA』は直接メンバーに取材できないことを逆手に取って、読者の幻想が膨らむ記事を掲載していた。

アイドル戦国時代に入ると、ももクロが熱狂を生む磁場になる。10年8月30、31日に行なわれた「アイドルユニットサマーフェスティバル」でのパフォーマンスに衝撃を受けた『BUBKA』は、ももクロのレポートを掲載するようになった。

僕は『EX大衆』で「ももクロスーパースター列伝Z」の連載を始め、12年6月から『クイックジャパン』では元『週刊プロレス』記者の小島和宏さんのインタビューによる熱量の高い特集が組まれた。幻想を超えてくることさえあるインタビューで、ももクロが「活字アイドル」を加速させたのだ。

「活字アイドル」は乃木坂46と欅坂46で成熟した、と僕は思っている。

11年2月22日のデビューに合わせて乃木坂46を『ＥＸ大衆』で取材しようと、公式サイトの「お問い合わせ」にメールを送ると、すんなりＯＫが出た。ＡＫＢ48より参入障壁が低かったのだ。

インタビューすると、生駒里奈さんや橋本奈々未さん、西野七瀬さんなどオリジナリティのある言葉を持つメンバーが多く、彼女たちは「定型文」で取り繕うことをしなかった。「体育会系」とは距離をおいたグループのイメージにも共感でき、48グループが全盛の時期から、乃木坂46をコツコツと取材するようになった。

『ＥＸ大衆』の編集部は、グループの初写真集『乃木坂派』を制作したこともあり、13年8月号から14年2月号まで7号中6号の表紙を乃木坂メンバーが飾った。

『乃木坂派』制作にあたって、以前からグループを取材していた僕が編集部員に乃木坂メンバーのキャラクターや関係性をレクチャーし、部員それぞれが架空のユニットを作るドラフト会議で名前を覚えてもらった。メンバーの飾らない人柄から、2泊3日の撮影が終わった頃には、編集部の全員が乃木坂46のファンになっていた。

僕は『ＥＸ大衆』だけでなく、『月刊エンタメ』、『TopYell』、『日経エンタテインメント！』と媒体をまたがって乃木坂46を取材していると、まだマスコミの注目度が低かったメンバーからの信頼を感じることも増えた。

当時アンダーメンバーだった衛藤美彩さんが「ファン向けメールサービスに重いメッセージを送った」と知ると、取材の場で「メールを取らせてもらうから、送った内容を教えてほしい」とお願いした。

彼女は「まだ乃木坂46の曲もない頃、まいやん（白石麻衣さん）とまいまい（深川麻衣さん）とよく一緒に帰ってて、『いつかは出られるのかな』なんて言いながら駅の階段を『Ｍステ』に出てる気分で降りた。そんな夢が乃木坂46としては叶ったけど、私は『Ｍステ』に出ることができない」と話してくれた。

『月刊エンタメ』14年6月号の取材だったが、「広く知られてほしい」と、あえて雑誌未公開記事としてweb（『エンタメＮＥＸＴ』14年5月6日）に掲載してもらった。

衛藤さんは、14年7月9日リリースの9枚目シングル『夏のFree&Easy』で2度目の選抜入りを果たすと、以降は選抜に定着して、15年10月28日リリースの13枚目シングル『今、話したい誰かがいる』でフロントメンバーとして白石さん、深川さんと並んだ。その過程をインタビューで追いかけた僕は、伴走者のような気持ちになった。

いまはＳＮＳや動画配信など乃木坂メンバーが自身の気持ちを発信するツールが増えたが、当時はブログとファン向けのサービスだけだったので、雑誌の記事が果たす役割は大きかったのだ。

僕は、本人がストレートに発信する言葉だけでなく、他者の視点が介在したうえで精製された言葉には別の価値があると思っている。ライターから投げかけられた問いに「気づき」を感じることもあるだろうし、彼女たちが感情や思考を煮詰めた末に、こぼれてくる言葉を再構成した時に浮かびあがってくる「物語」があると思っているからだ。また、事務所に所属し、多くの人の手によって支えられているアイドルという職業柄、なかなか表に出せない思いや事柄もある。しかし、必要とあれば、やわらかい表現にするか行間から滲ませることで、読者の想像に委ねた。

乃木坂46は鳴り物入りでデビューしたが、すぐに人気が爆発したわけではなく、じわじわとファンを増やしていった。アイドルを知らない1期生はその時々の想いを明け透けに話してくれたので、僕はその言葉を取捨選択しながら「物語」を書くことができた。インタビューを表現の場と捉えていたメンバーも多かったように思う。また、雑誌をまたいで月に3、4誌でインタビューを掲載でき、その内容に連続性をもたせられたことも「活字アイドル」に大きく寄与した。

特にアンダーメンバーの動きが活発になると、誌面で彼女たちの胸の内を聞くことが増えていく。

14年4月から、乃木坂46は選抜に入ることができなかったアンダーメンバーによるライブをスタートさせる。メディアに出る機会の少ない渇望感をステージで満たそうと熱いパフォーマンスを見せた彼女たちが、グループに欠けていたピースを埋めた。

14年7月26日、アンダーライブ1stシーズン千秋楽。ファン投票でユニットを組んで歌う企画で報われなかったメンバーのために、永島聖羅さんが「私が怒られてもいい。アンダーライブを成功させたい！」とスタッフに直談判し、急遽4曲を追加で歌った。

終演のアナウンスがかかっても2回目のアンコールが鳴り止まず、『ロマンスのスタート』のイントロが流れると、泣きはらした目のメンバーたちがステージに上がる。ライブだから起きた「聖なる一回性」に僕はハマってしまった。

アンダーライブの地方公演が始まると自腹で遠征した。山形、広島、福岡、香川、静岡、北海道……。会場で編集者たちと落ち合って、終演後に現地の飲食店でライブの感想を語り合った。

齋藤飛鳥さん、伊藤万理華さん、井上小百合さん、中元日芽香さん、北野日奈子さんといった選抜とアンダーのボーダーラインにいるメンバーの原稿には自然と力が入った。

インタビュー以外にも、『ＥＸ大衆』14年2月号で万理華さんの個人ＰＶを初めてピックアップし、『TopYell』15年9月号からは中元さんがチアダンスや短歌など多様なジャンルに挑戦する連載を始めた。

アクターズスクール広島出身の中元さんは歌とダンスの実力は折り紙つきだったが、本人が志向する王道アイドル像と乃木坂46が創造しようとするスタイリッシュなアイドル像に齟齬があったのか、アンダーにいる期間が長かった。14年12月に有明コロシアムで行われたアンダーライブを観て、僕と編集者で「中元さんの連載をオファーしよう」と決めたことを覚えている。

中元さんはアンダーライブで存在感を示すと、15年3月リリースの11枚目シングルでアンダーセンターに選ばれた。その後、13枚目（堀未央奈さんとのWセンター）、14枚目でもアンダーセンターを務めたが、中元さんは選抜に手が届かない葛藤を抱える。僕は連載担当として、その心の揺れを近くで感じていた。

中元さんは15枚目と16枚目で選抜メンバーに入ったが、体調不良を理由に17枚目シングルの期間中の活動を休止。『TopYell』の連載では、活動休止前の胸中を聞いた。彼女が語ったのは、自分の弱みを見せることもアイドルなのかもしれない、という「気づき」だった。

18枚目で復帰した中元さんのポジションは再びアンダーセンターだった（北野日奈子さんとのWセンター）。アンダー曲のタイトルは『アンダー』。「みんなから私のことがもし見えてなくても」で始まり、「当たっていない　スポットライト」「眩しすぎるわ　メインキャスト」と歌う歌詞に、中元さんの心は過去に引き戻されてしまう。

この頃、アンダーライブがスタートしてから3年が経ち、アンダーメンバーだけで日本武道館に立つなど集団の強さが確立されていた。また、舞台やラジオといった個人仕事を獲得して、すでに自らの手で「光」を手に入れたメンバーが多いことから、『アンダー』の歌詞が当時の彼女たちにフィットしていなかったように感じた。作り手が用意した「物語」は、時に残酷だ。

体調が戻らなかった中元さんは17年8月に卒業を発表すると、全国ツアーを欠席して、10月のアンダーライブ九州シリーズに専念した。ライブ初日の大分公演、中元さんは魂を削りながらステージに立ったが、隣にいるべき北野さんは不在だった。彼女もまた、『アンダー』の魔力に呑まれていたのだ。

僕は九州シリーズ5日目（10月16日）の福岡国際センターに足を運んだ。オープニングで会場にどよめきが伝播し、大音量のコールに変わった。北野さんが復帰したのだ。中元さん（この日は2曲のみ出演）と北野さんは『アンダー』の歌詞を朗読すると、抱擁。2人が紙一重の状態から手繰り寄せた奇跡の瞬間を目撃した。作り手が構想する「物語」を、自分たちの「物語」で超えてみせたのだ。

11月8日、乃木坂46にとって初の東京ドーム公演が中元さんにとって最後のステージになった。新旧アンダーメンバーがそろったパフォーマンスはライブの見せ場となり、バックステージでは多くの選抜メンバーが涙を流していたという。

「『TopYell』で〝アイドル〟中元日芽香にとって最後のインタビューをさせてほしい」と運営にお願いすると、一度は「前号で連載は最終回ということで……」と断られそうになったが、「ファンの方の気持ちを整理するためにも、中元さんの言葉を形として残したい」と交渉して、なんとかＯＫをもらった。半分は、自分の気持ちを整理したいからだった。

インタビューは、限られたファンのみが参加するイベントの日を指定された。〝アイドル〟中元日芽香、最後の日だ。僕が「応援しがいがあるアイドルだったと思います」と話すと、中元さんは「憧れの存在でいたかったけど、共感してくださる方のほうが多かったのかなって。でも、誰かの心に響いたのなら、それはそれでよかったのかなと思います」と答えてくれた。『TopYell』は次の号である18年3月号をもって休刊になった。

中元さんのように、斉藤優里さんも選抜とアンダーのボーダーラインにいるメンバーだった。

だが、前述したメンバーたちと違って、取材しても「悔しさ」を表に出すことは少なかった。パブリックイメージ通り、裏も表もない明るいメンバーだったのだ。

インタビューでも「初期の頃は『乃木坂46＝おとなしい子たちの集団』というイメー

ジがあったから、そのカラーに馴染んだほうがいいのかなと思ったけど、やっぱり自分が出ちゃう（笑）」と話していた（『EX大衆』18年11月号）。

僕にとっての「活字でアイドルを伝える意味」を確立させてくれたのは、乃木坂46だった。

そして、作り手や僕らの思い描く「物語」を超えた「物語」を見せてくれたのもまた、乃木坂46だった。だからこそ、活字を必要としなかったメンバーに、今、話を聞いてみたいと考えた。

裏側を見せない、語らないことで理想のアイドルであろうとしたのか。いつも明るかった斉藤さんだから見える乃木坂46があったはず。そう思い、２０２1年5月で芸能界を引退した彼女に取材をお願いした。

——斉藤さんは、乃木坂46に入る前から〝陽キャ〟だったんですか？

テンションはずっと変わらないけど、まわりと比べて自分が特別明るいと思ったことはなかったんです。友達や家族も同じようなテンション感だったから。

——学校でひとクラスに40人もいれば、おとなしい子もいれば不良っぽい子もいるじゃないですか。その中だと明るいほうだったんじゃないですか？

確かにそうかも。いまは仲がいい友達から、「初対面で『じゃあね、バイバイ』と声をかけられて驚いた」と言われたんです。高校のクラス分けが発表された日の帰りに下駄箱で話しかけたら、向こうは「しゃべったこともないのに馴れ馴れしい」と思ったみたい（笑）。でも、私にとってはもう顔見知りだから。

——馴れ馴れしくて嫌われたことは？

え〜。ないと思うけど、気づかないだけで距離を取られていたかもしれない（笑）。

——スクールカーストの上位にいそうなイメージもありましたが。

そんなこともないというか、自分が高校生の時は「スクールカースト」という言葉が浸透してなかったと思います。当時は「1軍」「2軍」みたいな言い方はあって。私は2軍でした。

——本当ですか？

めっちゃ疑われるけど、そうなんです（笑）。地元は東京でも田舎のほうで、1軍はゴリゴリのギャルだったから。

——ギャルへの憧れはありましたか？

ギャルが流行っていた時期だったので、文化祭や体育祭といったイベントごとではギャルの格好をマネしたこともありました。文化祭では、アイドルっぽいことをしたこともあるんです。めちゃくちゃＡＫＢ48が好きな友達と6人で、当時流行っていた『大声ダイヤモンド』とか『フライングゲット』を体育館で踊りました。声援を送ってくれる人がいてうれしかったです。エヘッ。

——センターでした？

いや、端っこでした。踊ってみたいけど、センターは恥ずかしいという気持ちがあったんです。

——センターをやりたいほど目立ちたがり屋じゃなかったんですね。

ただ楽しいことをするのが好きで、自然と目立つことはあっても、意識的に「目立ちたい」と思うことはなかったんです。

——小学生の時はモーニング娘。が好きだったそうですが。

好きでした。グッズを買って、ライブにも行って。何年か空いて、さっき話した友達の影響でＡＫＢ48さんを好きになったんです。その友達が当てたライブに連れて行ってもらったり、こじはるさん（小嶋陽菜）、大島優子さん、まゆゆさん（渡辺麻友）と握手してもらったり。

――「私もAKB48みたいになりたい」と思いませんでしたか？

マネして踊ることは楽しかったんですけど、自分がアイドルになれるとは思わなくて。ただ、「キラキラした衣装を着てみたい」という気持ちはありました。

――将来やりたいことはあったんですか？

美容部員になりたくて、美容系の専門学校に進もうと考えていたんです。そんなタイミングでお母さんが乃木坂46のオーディションを見つけて、「人生経験になるから受けてみたら？」と言われたんです。予想外にも最終審査まで進んだんですけど、それが専門学校の入試の3日前で。

――乃木坂46に合格して、専門学校は入らなかった、と。

乃木坂46のスタッフの方と相談して、入試は受けませんでした。専門学校と両立しても楽しそうだなと思ったけど、「それは厳しいんじゃないか」と言われて、乃木坂46を選んだんです。

――自分が乃木坂46に受かった理由は何だと思いますか？

全然わからなくて。そんな光るものはないけどなーと思ったけど、偉い方に「絶対に受かってほしいと思った3人のうちのひとりだった」と言われた時はうれしかったです。

――翌日、合格者の写真がスポーツ新聞に載りましたよね。

写真が出るとは思ってなくて、すぐバイト先に電話して「大丈夫ですか？」と確認しました（笑）。

――何のバイトをしていたんですか？

ケンタッキーフライドチキンなんですけど、ドライブスルーのお客さんと話すことが好きで、しゃべりまくってました。

――そんな人もいるんですね（笑）。学校は心配じゃなかったんですか？

報告したら、もう卒業も近かったので寛容でした。

――最初は活動らしい活動がなかったので、不安になりませんでしたか？

土日を中心にレッスンがあって、それを楽しみにしていました。まだ数回しか会っていないメンバーと慣れない環境で切磋琢磨していると、「アイドルになるために頑張っているんだ！」と充実した気持ちになれるんです。

――東京在住だから金銭面の不安もなく。

アルバイトでお金を貯めていたので、握手会で着る洋服が必要になってもなんとかなりました。

――西野七瀬さんが「乃木坂46はひとりでも平気な子が多かった」と話していますが、斉藤さんもそう感じていました？
今思えば、自分のことは自分でやるような、若いのに自立した子が多かったと思います。私自身は集団行動が苦手じゃないし、むしろ相手に合わせるほうだから、「みんな大人だな〜」と思ってました。

——未経験だったので、歌やダンスのレッスンについていくことは大変だったんじゃないですか？

何が上手くて何が下手なのかもわからないくらいだったけど、デビュー曲の『ぐるぐるカーテン』は揃えることやパキパキ踊ることが重視されていたので、ダンスの技術はあまり求められていなかったと思うんです。

——器械体操みたいな。

そんな感じで、難しい動きではなかったです。歌は下手だと自覚していたけど（笑）。

——歌にコンプレックスはありましたか？

ボイトレで私だけが歌うことになった時は嫌でしたね。でも、やらなきゃいけないので、じゃあ、やる以上は声を大きく出そうと。下手くそでも頑張る姿は見せたいと思ったんです。まわりは大迷惑だったかもしれないけど（笑）。

——デビューしてみると、ＡＫＢ48とは曲調も衣装も違ったわけですよね。

短いスカートに憧れていたので、『ぐるぐるカーテン』の衣装を見て、自分の想像とギャップがあったことは覚えてます。ただ、楽曲に衣装が合っていたし、段々と「これが乃木坂46のカラーなんだ」とわかって、自分も順応していこうと思いました。

――他に想像と違ったことはありますか?

ファンの方に自分のことを覚えてもらうまでは髪型や髪色を自由にできなかったことですかね。ただ、私の場合は乃木坂46に入った時点で髪が明るかったので、そのまま活動してました。最初から明るくてよかった（笑）。

――スタッフの方から「黒髪にしたほうがいい」とも言われず。

言われなかったですね。黒髪で清純派のイメージは違うと思われたのかな（笑）。

――一般的に、アイドルファンは清純派を求めがちだと思いますが、「人気が出るなら、その方向に寄せよう」とは思いませんでしたか?

そう意識することはなかったけど、まわりから浮かないようにメイクは薄くしました。

――合わせすぎると埋没してしまうので、個性とのバランスは難しいと思います。

最初の頃は、とにかく合わせることに気持ちが向いてました。自分だけ悪目立ちしたくないと思っていたんです。結成当初、バラエティ番組に出る前の練習というか、5人1組でチームを作って発表するようなリクリエーションがあって。その時に個性を出したほうが面白くなることがわかったんです。だけど、楽器ができるわけでもバレエをやっていたわけでもないので、自分の個性がなんなのかわからなくて、「平均的な女子高生」でしかない私にとってその時間は苦痛でした。その後も自分と向き合う機会が多かったんですけど、何度考えても個性が出てこない（笑）。

——僕には、斉藤さんが他のメンバーと明らかに色が違うように見えました。センターを務めた『13日の金曜日』の弾けたパフォーマンスは、まさに斉藤さんの個性だったと思います。

『13金』の時も、そこまで自分を開いていなかったと思うんです。初めて選抜に入れなかったことに落ち込んでいたというか。アンダーのセンターはありがたいポジションだし、『13金』は多くの人に愛された曲だけど、アンダーライブもなかった当時はそう思えなかったんです。明るく楽しい曲を歌いながら心の中はモヤモヤしてました。「選ばれない」ことがこんなに悲しいんだと初めてわかったんです。

——そのモヤモヤはどうやって解消したんですか？

その時は事務所で借りている寮で生活していたんです。寮の食堂に行けば誰かしらいて、特にアンダーメンバーなんですけど、話を聞いてもらってました。仕事がない日は、寮のメンバーと電車に乗って近くの駅のシネコンで映画を観に行くことが好きだったんです。それぞれが好きな映画を観て、また集合して、ご飯を食べて寮に帰る。それが楽しかったんです。誰かに「映画行かない？」と聞かれたら、観たい映画がなくても必ず「行きたい！」と答えてました（笑）。

――アンダーライブが始まると、アンダーメンバーになってもやりがいを感じるようになったと思います。

全体のライブではセットリストに入らないユニット曲を歌えたり、それぞれがセンターに立ってパフォーマンスできる企画があったり、何よりファンの方との距離が近いことがうれしかったです。ライブ中にファンの方と会話できるくらいの近さでした。「来てくれたんだ！」って（笑）。東京や大阪、名古屋だけじゃなく、いろんな地域を回れたこともうれしかったです。新潟の会場でリハーサル中に空き時間があって、なんとなく外に出てそのまま川辺を散歩したんですけど、あの景色がなぜか記憶に残ってます。

――アンダーライブ東北ツアーでは、各県をバスで移動したそうですが。

楽しかったですよ。バスの中でしゃべって、疲れたら寝て、サービスエリアに寄ってご当地のお菓子を買って。ひとりで2席使えるのに、わざわざ川後（陽菜）の隣の席に座ってギューッと固まりながら（笑）。

――アンダーの活動が充実しても「選抜に入りたい」気持ちは変わらず、選ばれないと落ち込んでいたわけですよね。

歌番組に出ることで「アイドルをしている」実感が湧いていたので、選抜に入りたかったんです。ライブは本当に乃木坂46を好きな方が来てくれるけど、歌番組は乃木坂46を知らない人も観る可能性があるじゃないですか。歌番組に出ることにはこだわってました。選抜に入れないとそのたびに落ち込んでいたんですけど、段々とかさぶたができて強くなったというか。他のメンバーに比べて、私は選抜とアンダーの行き来が激しかったので、気にしすぎないようにしていたんです。ずっと選抜に入れない子のほうがツラいと思うので。

——選抜とアンダーのボーダーラインにいる方たちのほうが精神的にキツいんだろうな、と想像していました。

「選抜に入ることがすべてじゃない」と割り切ることができる子は気持ちがラクなのかもしれないけど、「選抜を目指して、それでも入れない」という状態はやっぱりキツいと思います。何度か選抜に入っている私が言うと反感を買ってしまうかもしれないけど。

——選抜に入れなくて、斉藤さんより悔しさを表に出す子もいました。

「私も悔しさを前面に出したほうがいいのかな」と思ったこともあるけど、ブログに文章を書くことも上手くないし、深い話をすることもできなくて、自分はそういうタイプじゃないと自覚してました。私も感情を出しているつもりなんですけど、軽いように受け取られちゃうんですよね（笑）。悔しさを表現できる子が羨ましかった。

――アイドルはキラキラしているところだけを見せればいいんだ、という気持ちはなかったですか？

いや〜、そんな美学があったわけでもなくて（笑）。ドキュメンタリーで葛藤を語られると、やっぱり人の心は動かされるじゃないですか。私がそこまで思い悩むタイプじゃなかったんですよね。

――18枚目シングルに収録された『アンダー』という曲は、そのストレートな歌詞からメンタルをやられるメンバーも多かったと思います。斉藤さんはどうでしたか？

それまでライブを積み重ねてきたから届けることができた曲だと思います。もしライブで披露する機会がなくて、私たちも経験不足で、ただ音源を聴いただけなら想いは伝わらなかったはず。キラキラしているアイドルが好きな子が聴いたら「大丈夫？」と心配になっていたかもしれない。ライブで披露してこそ報われる曲だと思うんです。

――自分を追い込むことはなかったと。

大丈夫でした。「なんとかなるさ」精神があったんでしょうね。

――落ち込んでいる子がいたら、斉藤さんは行動を起こしてました？

それも難しくて。乃木坂46に入っていろんな人がいることが初めてわかったんです。

話を聞いてほしい子もいれば、自分の殻に閉じこもりたい子もいるから、私が明るい方向に引っ張ってあげることに喜んでくれることもあれば、私がいきすぎて「いまはちょっと……」となることもあって。距離感は難しいなと思いました。ライブに出る直前に「頑張ろうな！」と声をかけるくらいがちょうどよかったりするんですよね。

——握手会の人気は気になりました？

数字で目に見えてわかってしまうので気にしてました。だからといって、もっとファンの方に来てもらうために何かを変えようというのはなくて。ファンの方と話したり、握手することが好きな気持ちはそのままでいようと思ってました。

——斉藤さんと握手をしたわけではありませんが、友達っぽいイメージはありました。

そうです。そうです。めっちゃ言われてました（笑）。

——恋人っぽい対応をしたほうがいいんじゃないか、と思ったことはありますか？

そう思ったこともあるけど、もし自分に恋人がいても友達っぽく接しているはずだから、みんながイメージする「恋人っぽい対応」をしても自分らしくないというか、嘘っぽくなるじゃないですか。

——1期生は数カ月キャラを作って、後から「黒歴史でした」と自虐するパターンも多かったと思いますが、斉藤さんは最初からキャラを作ってこなかったですよね。

そうでした。頭の中に描いていたラブリー系アイドルにはなれなかったです。

斉藤優里——取材日／2022年5月12日

――18年の全国ツアーのプロデュース企画で、ラブリー系の衣装を着て『ごめんねスムージー』を歌った時はうれしかったんじゃないですか？

「最高！」と思いました。『ごめんねスムージー』が私のやりたかった「ザ・アイドル」な曲と衣装だったんです。地下アイドルさんがよく歌っているようなぶりぶりの曲や衣装でキャッチーでマネしたくなる振り付けが好きなんです。乃木坂46はそうじゃなくて、心に染みるような歌詞と曲で、一緒に踊るというより「聴き入る」という感覚がありました。だからこそオリジナリティがあったのかなと思います。ただ、4期生曲の『I see…』や『Out of the blue』はキャッチーでかわいいじゃないですか。「ズルい！　歌いた～い」と思いました（笑）。

――そんなに「かわいい」が好きなんですね。

小さい頃、学校で使うものを弟に合わせて買ってもらっていたんです。弟が使えるような水色か黒ばかりで、ピンクを身につけることができなくて。その反動で「かわいい」が好きになったんです。

――乃木坂46が「売れたな」と思った瞬間はどこですか？

各局の歌番組に呼ばれるようになって、制覇した時に「これはきてるんじゃないか？」と思いました（笑）。

——乃木坂46はドカンじゃなくジワジワと売れていった印象があります。

東京ドーム公演が決まった時も「あのステージに立っていいの?」という気持ちが強くて。ライブ中もどこか現実感がなかったんです。

——東京ドームでライブをしたからやり切った、というわけではなかったんですね。達成感のあったライブというと?

うーん。達成感でいえばアンダーライブになってしまうんです。全体ライブは「みんなで盛り上げていこう!」という感じだけど、アンダーライブは「自分もライブを作っている」感覚というか、センターに立つ曲やユニット曲を自分で選べることもあったし、相談しながら衣装を決めることもあったのでクリエイティブだったんです。

——卒業を考えたきっかけはあるんですか?

『インフルエンサー』を踊ってる時がとにかく充実していたんです。『レコード大賞』も取らせていただいて、これ以上に楽しいことはないんじゃないかと思って。そのくらいの時期からメンバーの卒業も増えて、3期生も活躍し始めたことで、「私も別の道を考えたほうがいいんじゃないかな」と考え始めました。『シンクロニシティ』で選抜に入れなかったことで、アイドルとして自分がやれることはやったんじゃないかと思ったんです。

——スタッフの方に卒業の相談をしても、ちょっと先になるわけですよね。

斉藤優里——取材日／2022年5月12日

1年くらいかかったんですかね。他のメンバーの卒業との兼ね合いもあるし、まぁ、言ってしまえば自己都合じゃないですか（笑）。仕方ないと思いました。

――その1年間のモチベーションはどうなんですか？

逆に、モチベーションは高かったです。仕事のたびに「これが最後かもしれない」と思うと気が引き締まるし、思い出を形に残したくてメンバーとたくさん写真を撮るようになりました。

――卒業後は乃木坂OGが所属する事務所に入りました。

卒業してから舞台のお仕事をさせてもらうことが多かったんです。グループにいた時は舞台の経験が少なかったけど、やってみたら楽しくて。ただ、これは贅沢な話なんですけど、落ち着いて考えた時に「私がしたいことは演技のお仕事じゃない」と思ったんです。スムーズに移行できて、私のことを知っているスタッフの方が多いから居心地はよかったけど、「自分がやりたいこと」と「事務所が得意なこと」が違うと気がついて退所することを決めたんです。

――「自分がやりたいこと」が見つかったんですか？

アパレルの仕事をやりたかったんです。コラボしてパーカーを作った時（21年2月）も、完成品をインスタで告知するところまで楽しくて。演技の仕事はやらないけど、SNSの発信は続けていきたい。「これって芸能の仕事じゃないよな」と思ったんです。それで、芸能界引退を発表しました。

——自分が「かわいい」と思うものをみんなに着てほしい。

私が作った洋服を女の子が着てくれるんですよ。これってめちゃくちゃかわいいじゃないですか。ずっと洋服のことを考えてしまうんです。普通の服だけじゃなくて、ユニセックスの服やカップルでミラーコーデができる服も作りたいと思ってます。

——現在はフリーで活動しています。

いわゆる「芸能」のお仕事をしてないけど、ＳＮＳで発信し続けているので、ファンの方は「引退したんじゃないの？」と困惑したかもしれません。これからの活動で納得していただきたいと思います。

——確かに、YouTuberもインフルエンサーも芸能人かといったらそうじゃないわけで。

枠組みを決めてしまうと、自分ができる範囲も狭まってしまうので、肩書きはないほうがいいのかなと思うんです。いまはブランドを作って広く展開していくのではなく、私が関わった服を愛してくれる人が少しでもいたらいいなって。自分が創作することで、誰かに喜んでもらいたい気持ちが強いんです。乃木坂46時代からのファンの方たちも大切にしたいと思ってます。

——斉藤さん、アイドルをやってよかったですか？

もちろんです。私はアイドルをやりたかったから。「芸能界」じゃなくて、「アイドル」に興味があってオーディションに応募したんです。

――卒業後、乃木坂46のことはどう見てますか？

大好きです。4期生とは挨拶程度の会話しかなくて、5期生とは会ったことがないけど、一ファンとして「〇〇ちゃんがかわいい！」と言いまくって、まわりから「うるさい」と言われるくらいなので、もう少し落ち着こうと思います（笑）。後輩たちには『13日の金曜日』を歌い続けてほしいです。

――斉藤さんにとって乃木坂46はどんな場所でしたか？

みんな愛に溢れていて、それぞれが思いやりをもって、乃木坂46というグループを作り上げてきた。そのひとつのピースに自分がなれていた……らいいなと思います。

――これからの夢や目標を教えてください。

うーん。幸せに暮らしたいです（笑）。気分が落ちこむことなく、このまま明るく楽しく、「斉藤優里」のイメージのまま年を重ねて、かわいいおばあちゃんになりたいです。

「軽蔑の目で見られるんだろうなと思っていたけど、
変わらず接してくれたことがうれしくて」

今泉佑唯（欅坂46／2015〜2018年在籍）

熱狂の渦、その中心にあった〝陰と陽〟

15年8月、「乃木坂46　新プロジェクト」として欅坂46（募集時は鳥居坂46）のオーディションが行なわれた。その最終審査を見た時、平手友梨奈さんと並んで強烈なオーラを放っていたのが、今泉佑唯さんだった。結成当初は、陰の平手さんと陽の今泉さん、2人の関係性がグループを回していく未来を想像した。

しかし、16年3月にデビューシングル『サイレントマジョリティー』のMVが公開されると、平手さんのオーラがグループ全体を包んでいた。関係性も、遅れて加入した長濱ねるさんが平手さんと「陰陽」を形作っているように見えた。

欅坂46は活動を重ねるごとにパフォーマンスが先鋭化していく。17年8月30日、「真っ白なものは汚したくなる」ツアー千秋楽（幕張メッセ）のWアンコールでは、銃に撃たれて血まみれになった平手さんが『不協和音』を歌い、カットアウトするようにライブが終了。乃木坂46のライブは、メンバー同士の関係性や選抜とアンダーという区分けで生まれる葛藤を、ステージで発露することでノンフィクションの「物語」を作ってきたが、欅坂46は歌詞の世界をステージで演じるようなライブで、メンバーはフィクションの「物語」に限界まで没入していたように思う。どちらにも美しさがあり、また、それぞれに痛みも見えた。

欅坂46の人気が出ると、アイドル誌の表紙は乃木坂46と欅坂46で回せるようになった。欅坂46の記事は、『BUBKA』と『BRODY』（白夜書房）がリードしていたように思う。「個人主義の乃木坂46」よりも「集団芸術の欅坂46」のほうが、雑誌の体質に合っていたのだろう。

武器を手にしたメンバーたちが表紙を飾る『BRODY』16年12月号は強烈なインパクトを残したが、個人的には、『BUBKA』16年8月号の長濱さんが平手さんとの関係を語ったインタビューに白旗をあげた。落ち込んでいる長濱さんがいる場所に平手さんが駆け付け、イヤホンを片方ずつ耳にさして尾崎豊の『Forget-me-not』を聴いた、というエピソードの描写があまりに美しかったからだ。

僕は、欅坂46に対するライターとしてのスタンスに苦慮した。熱狂を煽ることが彼女たちに精神的負荷を与えてしまうように感じたからだ。それもあって、グループではなく個人にスポットを当てる原稿を意識するようになった。なかでも、今泉さんは特別な存在だった。

なぜなら、今泉さんはグループで独自の立ち位置を獲得していたからだ。ソロで3曲、小林由依さんとのデュオ・ゆいちゃんずで5曲が制作され、ソロ曲はしっとりしたバラード、ゆいちゃんずは70年代風フォークソングと、欅坂46全体の方向性とは異なる楽曲になっていた。今泉さんの魅力である伸びやかな歌声と切なさもある笑顔を活かした運営の采配だ。

　取材で、今泉さんは積極的にコミュニケーションを取ろうとしてくれた。『W-KEYAKIZAKAの詩』のＭＶ撮影を密着取材した際、緊張感のあるシチュエーションでけやき坂46（現・日向坂46）のメンバーたちを笑顔にした瞬間は忘れられない。18年11月、今泉さんは欅坂46を卒業すると、事務所を移籍して女優に転向する。卒業後も3度ほど取材させてもらったが、目の前にいる今泉さんはグループ時代と変わらない笑顔で向き合ってくれた。

　本書の取材は編集者から各事務所にオファーしていたが、今泉さんのみ、僕から連絡させてもらった。ツイッターのＤＭで本人から聞いた事務所に取材を依頼したが、「まだ復帰したばかりなので」と断られたので、一度は諦めた。しかし、その半年後、本人から「あの件、どうなりましたか？」と連絡がきた。

――今泉さんは家族と仲がいいイメージがありますよね。

グループ時代も正月休みにはみんなで旅行していたんですけど、20代をすぎてから、より仲が良くなりました。いまは何もなくても連絡を取るくらい。家族だけど友達みたいな関係なんです。

――子どもの頃は伸び伸びと育てられたんですか？

兄弟がいるんですけど、娘はひとりなので両親は私に厳しくて。門限が20時だったり、挨拶を注意されたり。

――門限は守っていましたか？

たまに破ってました（笑）。といっても遊んでいたわけじゃなく。電車で高校に通っていたんですけど、2、3本乗り遅れたら門限を30分くらい過ぎちゃって。早く帰る努力はしていたんです。

――家の中で歌うことはあったんですか？

お風呂の中でずっと歌ってました。兄弟も歌うことが好きなので、向かいの家から苦情が来たこともあるんです。主に次男が怒られていました（笑）。

――歌を好きになったのは両親じゃなく兄の影響なんですね。

兄がみんな芸能の世界を目指していたので、その影響で憧れるようになりました。

――芸能の世界を目指すことに関して、両親は寛容だったんですか？

「やりたいことをやりなさい」という感じでした。そういう意味では、伸び伸び育ててくれたと思います。

――4歳でミニモニ。を好きになったそうですが。

それが「芸能界に入りたい」と思った最初のきっかけでした。だけど、11歳とか12歳にならないとアイドルのオーディションを受けることができなくて。待ちきれずに原宿までスカウトされに行ったんです（笑）。

――（笑）。原宿をひたすら歩いて。

原宿のどこを歩けばいいのか事前に調べて、週末に母親と竹下通りに通ってました。清楚な服を着ればスカウトされると思っていたので、白いワンピースにデニムのジャケットを羽織って。

――声はかけられました？

半年くらいスカウトされなくて。「これで最後」と決めた日に声をかけられました。ただ、そこは違うなと思って1年半でやめることになったんです。

――12歳からオーディションを受けるようになって。

いろんな事務所のオーディションに応募した記憶があります。

――ただ、なかなか受かることはなく。

基本、書類で落ちてました（笑）。

――「12歳から」と書かれていても、実際に12歳は採用されにくい、というのはないですか？

いや、受かった人を見たら12歳の子がいたりするんですよ（笑）。わざわざ宣材写真を撮ってくれる店に行ったのがよくなかったのかもしれない。履歴書の写真がきっちりしすぎていたからダメだった、と思うようにしてます（笑）。

――書類で落ちても「向いてないから諦めよう」とは思わなかったんですね。

３、４年めげずに受け続けていたんですけど、並行して、週末は路上で歌うようになりました。ＳＮＳで調べて大丈夫そうな場所を選んで、カートにアンプを乗せて電車で移動して。

――カバーを歌っていたんですか？

カバーも歌っていたけど、自作の曲もありました。

――作曲もできたんですね。

音楽専門の高校だったので、自分でコンピュータをカタカタやって曲を作ってました。

――カバーはどんな曲を歌っていたんですか？

主に西野カナさんの曲を歌っていたんですけど、自分の好きな曲ばかり歌っていてもダメだなと気づいて男性の曲も歌うようになって。自信がなくなると２人で歌うようにしてました。

――誰と歌っていたんですか？

ライブ会場で仲良くなった女の子を誘ってました。

――当時、ライブハウスでも歌っていたんですよね。

週末は路上で歌うか、ライブハウスで歌うか、オーディションに行くか、その三択でした。

――ライブは自分でチケットを売るような形だったんですか？

前もってチケットを何十枚か買って、それを自分で売ってました。でも、友達からお金を取れないから、結局は自腹になるんですよ。キツかったですね～(笑)。しかも、中学生なのに学校を5時間目で早退してライブに出ていたんです。先生もライブに来てくれたからよかったけど、いま考えたらヤバいですよね(笑)。

――ライブハウスはお客さんが入っていたんですか？

出演者が多いと満員の時もあったけど、お客さんが2、3人しかいないこともありました。ただ、ショックを受けることはなくて、「そんなもんだよなぁ」と思っていたんです。

――現実を受け止めつつ、続けていれば光が見えるんじゃないかと。

その可能性を信じてました。

——その頃はアイドルよりアーティスト志向だったんですか？

当時は「ソロ歌手になりたい」と思ってました。応募していたグループアイドルのオーディションは全滅して「もうダメだ。ひとりのほうが向いてる」とソロ歌手にシフトチェンジしたんです（笑）。結局１００社以上落ちて、書類を書くこともしんどいと思うようになって。もう高校2年生だったので「これに落ちたら、進学か就職の2択にしよう」と考えていたオーディションが欅坂46だったんです。

——グループにいた頃は、今泉さんにとってどんな時間でしたか？

グループがピークの時に卒業したので、正直なところ、忙しすぎてあまり覚えてないんです。「何が楽しかったですか？」と聞かれたら、「なんだろう」と考えてしまうくらい。ただ生きることに必死だったんです。

——満員の大会場で歌えたことはどうでした？

なかなか見ることができないし、もう見ることができない景色なので、貴重な経験だったと思います。

——「明るいだけの人間じゃないんだけどな」と思うことはありませんでした？

それはなかったです。むしろ包み隠さず自分を出していたと思います。だから、握手会で7、8時間立ちっぱなしでも大丈夫だったのかなって。無理に自分を作っていたらツラくなっていたはず。

——個人的には「まわりに流されない人」という印象がありました。

それはあると思います。「こうしたほうがいいよ」と言われても「私はこうしたい」と揺るがないんです。さすがに直したほうがいいと思ったこともあるけど、「まぁ、このままでいいか」と(笑)。だから、いまもそのままです。

——グループを卒業して、ひとりで活動することへの不安はありましたか?

移籍した先のマネージャーさんがポジティブな方で、具体的な目標も掲げてくださったし、厳しいことも言ってくれて、褒める時は褒めてくれたので、「この人についていけば大丈夫だろう」と思ったんです。

——演技を中心の活動にシフトしましたが、機会があれば歌いたいという気持ちもありましたか?

歌手活動はまったく頭になかったです。舞台を中心に活動していこうと思っていたので、実際、まわりには「もう歌いません」と答えていました。グループ時代、「あまり上手くないのに……」と言われることに傷ついていたので。

——今泉さんの歌声を好きな人のほうが多いわけじゃないですか。

そうだったんですかねぇ。ただ、私も歌が上手いから聴いてほしいわけじゃなくて、自分の好きな歌をみんなに届けたいと思っていただけで、技術のことを言われると自信がなかったんです。耳の痛い言葉を受け止めて気持ちが落ちていくなら、どんなに好きでも傷つかない道を選んだほうが幸せだと思って、歌はやめました。弱かったんです。

——演技をやりたい気持ちはあったんですか？

グループを卒業した段階で、まわりの方から「演技に移行しよう」とアドバイスをいただいて、なにがなんでもこの世界で結果を残したい気持ちが強かったので、やってみようと。憧れていた『あずみ』の舞台が決まっていたので、そこを目標に頑張ろうと決めたんです。

——演技経験が少なかった分、壁にブツかることもあったと思います。

最初に出演させていただいた舞台『熱海殺人事件』が難しすぎて。「なんで私はこんなにツラい思いをしなきゃいけないんだ」と思うほどしんどかったです。つかこうへいさんの作品はセリフのスピードが早いし、「なんでこんな動きをするの？」ということも多くて、理解するまでに時間がかかりました。途中までは、「舞台はもういいや」と『あずみ』も諦めようと思っていたくらい。ただ、全公演が終わったら「楽しかった！」という気持ちに替わって。それから舞台が好きになったんです。あの時、頑張ってよかったです。『熱海殺人事件』を乗り越えたから「この先、何があっても大丈夫だろうな」と思うことができました。演出の岡村（俊一）さんにも「あれだけツラい稽古は今後もないよ」と言われていたので、『あずみ』の稽古は１００倍くらい楽しかったです（笑）。『あずみ』はすでに映画を観ていたこともあって、スッと入ることができました。

――アイドルのライブと舞台では、お客さんの反応も違うと思います。

舞台のほうがお客さんとの距離が近い分、「今日はここでお客さんが泣いてたな」とか「昨日はここで笑いが起きていたのに、今日は静かだな」とつぶさに感じることができて、それが楽しいんです。お客さんの反応に、舞台上にいる自分の感情が揺さぶられてます（笑）。

――個人とグループでの違いはありますか？

グループの時はまわりにいるメンバーに甘えてしまうことが多かったんです。ひとりになると、こういった取材でしゃべる時も自分しかいないので、責任を感じるようになって。「しっかりしなきゃ」と、初めて思うようになりました。

――卒業してもグループの時のファンの方が自分のことを好きでいてくれるのか、という不安はなかったですか？

「グループにいる今泉佑唯」が好きな人がほとんどだったと思うので、卒業した時点で「離れてしまうんだろうな」と覚悟してました。逆に、まだ応援してくださる方がひとりでもいることがうれしくて、その人のために頑張ろうと思えるんです。卒業しても応援してくれる人は「今泉佑唯」個人を好きなはずだから。

――20年10月から1年近く芸能活動をお休みすることになります。

コロナの影響で、舞台『あずみ』の一部公演が中止になってしまったことで、心が折れてしまい、「このままの状態で仕事を続けてもダメだな」と思っていたので、その前から休むことは決めていたんです。

――このまま復帰できないかもしれない、と思ってましたか？

一時は引退することも考えていたんです。ただ、お世話になっていた方が「戻ってくる場所を作るから」と言ってくださっていたので、「復帰できるのかもしれない」という望みもありました。

――環境が整って、自分も気持ちの整理ができて、舞台『修羅雪姫』で復帰を決めたのでしょうか？

「子どものためにやらなきゃ」という気持ちも大きかったです。「自分が主演で観に来てくれるのか」という不安は大きかったんですけど、まわりのキャストの方たちが「絶対に支えるから大丈夫だよ」と声をかけてくださったことで救われました。軽蔑の目で見られるんだろうなと思っていたけど、変わらず接してくれたことがうれしくて。「戻ってきてよかった。まだ自信はないけど、頑張ろう」と思えたんです。

今泉佑唯――取材日／2022年9月8日

――その状態で強い主人公を演じる難しさもあったと思います。

当時の自分に刺さるようなセリフが多くてしんどかったけど、いま振り返ると楽しい時間でした。

――『修羅雪姫』では主題歌『修羅雪』を歌いました。

断る理由がないので引き受けたものの、最初は「ここで歌を解禁するのか～」という緊張感もありました。修羅雪姫の舞台で共演をした河本（祐貴）さんが、私の声に合う曲を作ってくれたおかげで、歌に対する苦手意識がなくなったんです。「歌うことが好き」という感情が戻ってきました。

――舞台『最後の医者は桜を見上げて君を想う』でも主題歌『最後の桜』を歌ってます。

ほとんど稽古に出られなくて（突発性難聴と診断されたため配役を変更）、作品がどう仕上がっているのか、直前までわからなかったんです。そんな私が主題歌を担当していいのだろうか、という不安が大きくて。「私じゃないほうがいいんじゃないか」と悩んだけど、歌ってみたらやっぱり楽しいと感じました。

――今後はどんな活動をしていきたいですか？

自分が発信したことが膨らんで違う意味に捉えられてしまったり、そもそも事実じゃないことが広がったり、そういうことに悩まされることが多くて。それが理由で気持ちが落ちていってしまうなら、「今泉佑唯」ではない形で活動することも面白いのかな、と考えることがあります。芸能の仕事は好きなので、名前を明かさずに歌うとか、裏方として働くとか、これまでと違った形になったとしても続けていきたいです。

今泉佑唯——取材日／2022年9月8日

「音楽」より「芸能界」が好きだった僕にとって、２０１０年からのアイドル戦国時代は「スター誕生」のワクワク感にあふれていた。ライターとして彼女たちと接していると、すでにテレビで活躍していたグラビアアイドルと比べても遜色のない個性と華があり、自分の言葉を持っていたからだ。

しかし、僕が注視していたグループの多くはいつしか「中堅」という肩書きがつくようになり、日本武道館を満員にすることはできなかった。18年9月にPASSPO☆が解散、19年1月にSUPER☆GiRLS 1期生の卒業、12月に夢みるアドレセンスのオリジナルメンバー卒業etc……、僕にとってアイドル戦国時代は10年のロマンスだった。

彼女たちのアイドルだった時間を文章で残したいと、18年10月に元アイドリング!!!の遠藤舞さんから取材を始め、文春オンラインで不定期連載した。彼女たちは、いまを生きていた。当然のことだ。

4年以上にわたる取材になったことで、その間にも彼女たちの人生は変化している。遠藤さんはボイストレーナーとして活躍しながら、新規アイドルグループオーディションの審査員を務めるようになった。槙田紗子さんは振り付けだけでなく、21年11月からグループをプロデュースしている。芸能界に復帰した小池唯さんはドラマ『相棒』（テレビ朝日系）に出演。南端まいなさんは22年3月に芸能界を引退したが、インスタグラムで近況を伝えてくれている。

僕が追ってきたグループで（芸能界で）成功したのは、「48グループのフォーマット」に「ソニーのクリエイティブ」をミックスさせた乃木坂46（坂道シリーズ）だった。12年6月に開催された、アイドルグループ9組と指原莉乃さんによる「ゆび祭り」こそインパクトを残せなかったが、その後は、人間ドラマとリンクさせたライブでファンを増やしていった。

乃木坂46はＣＤリリースやライブ開催だけでなく、メジャー作品で実績がある人物、あるいは将来性があるクリエイターによる「意味のある」舞台や映像作品に出演させることで演技の土台や縁を作り、卒業後は系列会社の所属タレントとして、シームレスに活動を続ける体制を確立。また、累積した部数しだいで握手会（コロナ禍以降は、オンラインミート&グリート）は免除され、その時間を個人仕事に充てている。アイドル後の人生に繋げるために「ベスト」ではないかもしれないが、「ベター」なグループ運営だと思う。

坂道シリーズを卒業した斉藤優里さんと今泉佑唯さんは本書の書き下ろしでインタ

ビューしたが、今泉さんは取材から1カ月半後に芸能界を引退した。引退の理由のひとつは、写真週刊誌による執拗な取材だという。
2010年にグループアイドルの面白さに気づかなければ、僕もゴシップを追う側になっていたかもしれない。芸能界を引退していた斉藤さんは23年2月にライバーへの転身を発表。さらに、8月から再びグループアイドルで活動するという。

僕が思うアイドル取材の面白さは、いわゆるプロモーション取材にならなくても許されるところだ。アイドル本人が作詞作曲をしているケースが少ないので、ライブでのパフォーマンスやメンバーとの関係性、アイドルのパーソナリティや感情の動きを聞くことになる。

こちらが本気で向かい合うという前提で、インタビュー中にアイドルは本音と自己演出が綯い交ぜになった言葉を発する。そこにリアリティを感じるのだ。そして、僕は彼女たちの想いが誤解されないように、読者の心に柔らかく刺さるように言葉を編んでいく。

もともとアイドルファンだったライターもいるが、僕は違った。だから、「推す」という気持ちでアイドルに接することはない。アイドルは日本武道館をいっぱいにしても、100万枚売っても、それがゴールではない。その後も走り続けている。「背中を押す」という傲慢な考えはないが、長距離ランナーの孤独がつきまとうアイドルの「伴走者」になって、彼女たちの恍惚と不安を伝えたいと思っていた。

人は「他者の物語」で勇気づけられることがある。「アイドルの物語」も多くの人の心を救ってきたはずだ。本書に描かれた「アイドルだった季節」が、誰かにとって、そして、彼女たち自身の人生を勇気づけることができたら、と思う。

その一方で、この本をまとめる作業中にも思ったが、取材を通して「物語」を編むことに逡巡もある。２０１９年1月、乃木坂46を卒業して半年以上経つ生駒さんがグループを卒業したばかりの若月佑美さんに「生き様だけで人を感動させるのはそろそろやめたいね」と話した、というインタビューを折に触れ、思い出す。そしてその時の感情が、頭をもたげてくる。

本来であれば歌やダンスだけで感動させたいが、未熟であるために「物語」を必要としてきた。しかし、その「物語」から脱け出すことができずに苦痛さえ感じさせているとしたら……。序文の「〝いいこと〟が言えない」と苦笑されたインタビューも、結果的に「物語」として記事にしたが、他にやり方があったのではないか、といまは思っている。

グループアイドルが起こす熱狂の中に身をおいていたら、いつの間にか10年以上が経っていた。お笑い芸人やプロレスラーの連載も担当したが、いまも仕事の中心はアイドルの取材だ。

フリーのライターとして、得意ジャンルを見つけたことは運がよかったのだろう。そのジャンルがひとつのカルチャーとして紙媒体の柱になる過程に関わったことも得難い経験だった。今もまだ雑誌を巡る環境の変化、その真っただ中にいるが、別の方向にシフトしようとは思っていない。

そんな実力も胆力もないが、それ以上に愛着とプライドが残っていた。僕が書き残すべき、アイドルの、そして人間の「物語」が、あるはずだ。僕は迷いながら、誠実であろうとする。目を凝らし、耳をそばだて、深く考え、時に胸に手を当てた時、その「物語」は浮かび上がってくる。

ツイッターのタイムラインに、どこかのアイドルグループが解散するニュースが流れてきた。どこかの雑誌が休刊するニュースが流れてきた。だけど、僕はまだアイドルを取材することを卒業できそうにない。

アイドルの卒業について

ここ18年くらい、いろいろなグループのアイドルを撮影させてもらう中で、初々しかった彼女たちが、プロ意識を持ち、人間力が増していく様を感じつつ、自分も学ばせてもらいました。

大人が決めた枠、ファンが望む姿、まわりと比べてしまうこと。周囲の環境で悩む姿を見ると、早く卒業して、新しい世界で自由に活動できたらいいのに、と思っていました。

アイドルは修羅の道。ここで鍛えられた彼女たちは、これから何にでもなれるポテンシャルが備わっていると思います。

同じ時代を歩めたことに感謝し、彼女たちの幸せを願っています。

フォトグラファー／川しまゆうこ

撮影
川しまゆうこ

撮影協力
中野サンプラザ

デザイン
山田和寛+佐々木英子（nipponia）

営業
酒井正浩　奥山秀

編集
栗田歴

印刷所・製本所
中央精版印刷株式会社

発行者
島野浩二

発行所
株式会社双葉社

著
大貫真之介

私《わたし》がグループアイドルだった時《とき》
僕《ぼく》の取材《しゅざい》ノート2010―2020

2023年6月24日　初版発行

株式会社双葉社
〒162-8540　東京都新宿区東五軒町3番28号
［電話］03-5261-4818（営業）　03-5261-4827（編集）
http://www.futabasha.co.jp/（双葉社の書籍・コミック・ムックが買えます）

ISBN978-4-575-31807-4 C0076　

Karin Ogino

荻野可鈴

夢みるアドレセンス／2012～2019年在籍

心から謝罪すればファンの方も納得してくれたと思います。
女性が恋愛に興味を持つことは当たり前だと思うから

Ayami Muto

例え生き残れる枠が少ないとしても、
自分は絶対に歌いたいと思ってました

武藤彩未

さくら学院／2010〜2012年在籍

カミヤサキ

BiS〈第一期〉／2013～2014年在籍

Saki Kamiya

一方で、そうした苦境さえも表現に変えて
ファンの方たちと熱狂できるのがBiSの強さなんだと確信できました

自分にとっての青春は
アイドルネッサンスだったので後悔はないです

南端まいな

アイドルネッサンス／2014〜2018年在籍

Maina Minamibata

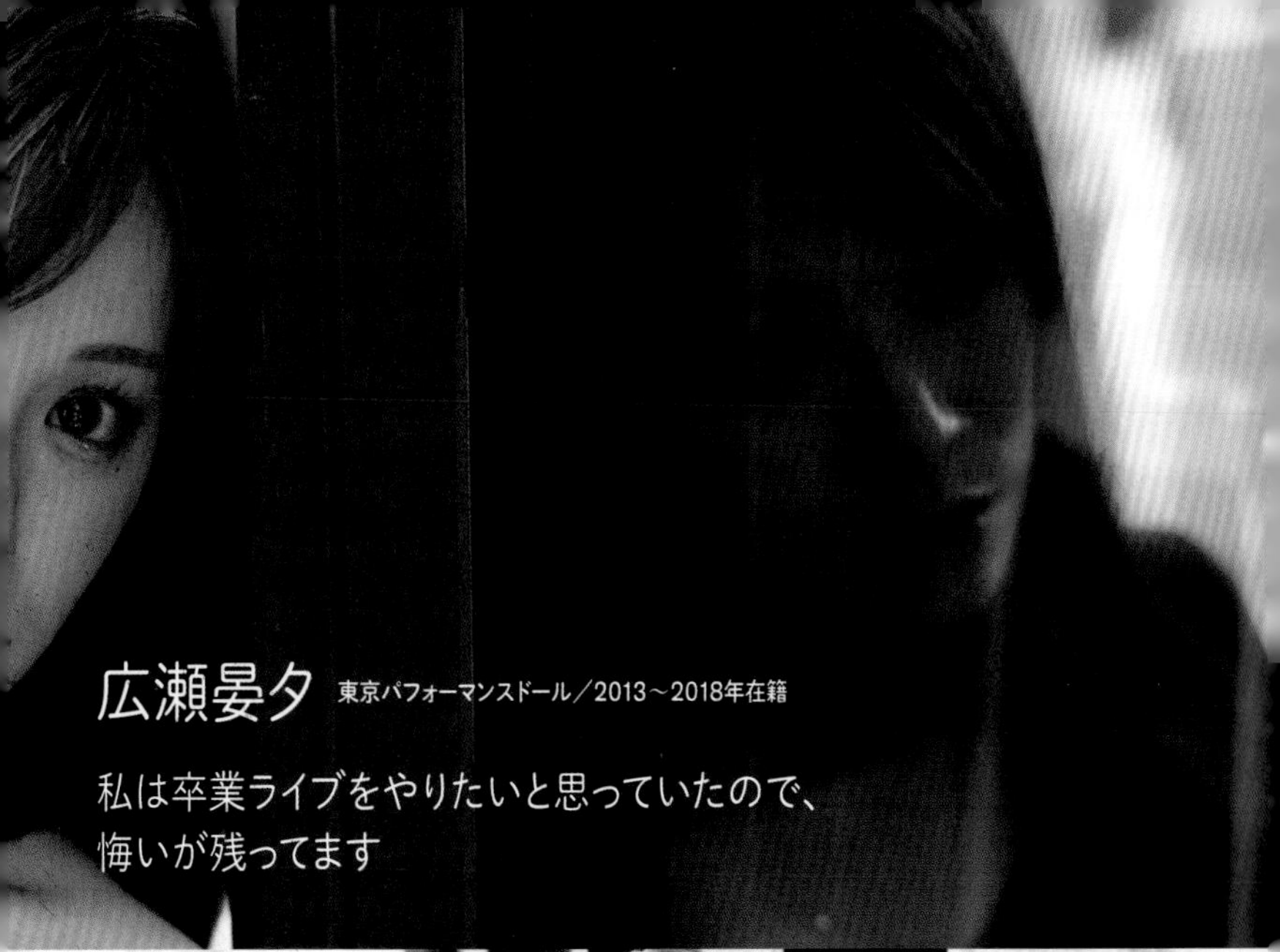

広瀬晏夕 東京パフォーマンスドール／2013～2018年在籍

私は卒業ライブをやりたいと思っていたので、
悔いが残ってます

Anyu Hirose

斉藤優里

乃木坂46／2011～2019年在籍

私も感情を出しているつもりなんですけど、
軽いように受け取られちゃうんですよね（笑）。
悔しさを表現できる子が羨ましかった

Yuuri Saito

Yuuri Saito

軽蔑の目で見られるんだろうなと思っていたけど、
変わらず接してくれたことがうれしくて

今泉佑唯

欅坂46／2015〜2018年在籍